北京国际交往中心建设研究丛书　　总主编　计金标

STUDIES ON BEIJING AS THE CENTER FOR INTERNATIONAL EXCHANGES

北京国际交往中心建设法治保障研究

THE LEGAL GUARANTY FOR BEIJING AS THE CENTER FOR INTERNATIONAL EXCHANGES

董　涛◎主编

社会科学文献出版社
SOCIAL SCIENCES ACADEMIC PRESS (CHINA)

北京国际交往中心建设研究丛书

编委会

总 序

2017年9月29日正式发布的《北京城市总体规划（2016年—2035年）》，明确提出“北京城市战略定位是全国政治中心、文化中心、国际交往中心、科技创新中心”，国际交往中心建设由此进入快车道。“建设什么样的国际交往中心，怎样建设国际交往中心？”成为北京市迫切需要解决的一个重大课题。2019年9月，北京推进国际交往中心功能建设领导小组第一次会议提出了总体要求，要“努力打造国际交往活跃、国际化服务完善、国际影响力凸显的国际交往中心”。2019年12月印发的《北京推进国际交往中心功能建设行动计划（2019年—2022年）》进一步明确了北京国际交往中心要“不断强化重大国事活动服务保障、国际高端要素集聚承载、北京开放发展动力支撑、城市对外交往示范引领”的四大功能，提出了“努力打造中国特色大国外交核心承载地，加快建设国际交往活跃、国际化服务完善、国际影响力凸显的国际交往中心”的总体建设思路，以及“六大战略目标”和21项重点建设任务。

北京国际交往中心建设是一项多维度的系统工程，既需要北京市委市政府的总体布局、统筹谋划、协调推进，也需要加强整合各方的力量，形成央地协同、市区配合、部门联动的“一盘棋”格局，还需要充分发挥高等院校和科研机构的高端智库功能，就北京国际交往中心建设如何展现中国魅力、凸显北京特色，如何突出服务中心服务大局的导向，如何统筹运用国内国际两个市场、两种资源、两类规则，如何积极融入传统与现代、东方与西方文化元素，如何构建面向世界、面向全国的全方位、多层次、立体化的国际交往新格局等一系列问题，凝聚各种科研力量，积极开展相关研究和谋划工作，为推进落实北京国际交往中心建设提供决策参考和智力支持。

北京第二外国语学院作为北京市属高校中唯一的外国语大学，在国际交往中心建设的进程中，肩负着天然的使命和责任。学校主动与北京“四个中心”建设对接，立足于服务北京的战略目标和国际交往中心研究的特色视角，努力打造一支优秀的服务首都功能定位的学术团队，形成“研究院—研究中心—研究所”三级科研平台机制，整合与组建了首都国际交往中心研究院、首都对外文化传播研究院、中国公共政策翻译研究院、中国文化和旅游产业研究院、中国“一带一路”战略研究院、中国服务贸易研究院等 17 个科研机构，拥有文旅部文化和旅游研究基地、北京旅游发展研究基地、北京对外文化传播研究基地、首都对外文化贸易研究基地等 7 个省部级科研基地、1 个省部级协同创新中心——首都对外文化贸易与文化交流协同创新中心，以及秘鲁文化研究中心、白俄罗斯研究中心、阿拉伯研究中心等 7 个教育部国别和区域备案研究中心，形成较为完备的科研平台格局。学校加强高端特色智库建设，以积极组织撰写研究简报、蓝皮书、咨政报告、高端论著等多种形式对接国家战略和首都发展需求，产出了丰硕的学术和咨政成果，在北京形象建设、旅游产业政策、旅游大数据、“一带一路”投资与安全、服务贸易文化贸易、对外文化传播、国际文化交流等研究领域逐渐形成二外特色学术品牌。

为深入贯彻落实党的十九大精神，按照北京国际交往中心城市战略定位，学校把握时代脉搏，充分发挥自身优势，于 2018 年专门制定了《北京第二外国语学院服务“北京国际交往中心”建设行动计划》，以期在国家和北京外事工作的更高平台、更广领域中发挥作用，为北京国际交往中心建设贡献力量。自该行动计划实施以来，学校积极整合各学院和科研院所的研究力量，围绕北京国际交往中心建设问题，陆续开展了北京城市品牌形象传播、北京友城研究、北京国际形象调查、北京市国际交往中心语言环境建设等专题研究，向北京市委市政府以及相关委办局提交了多份咨政报告，得到了北京市委市政府及相关委办局的高度重视。2019 年 7 月，学校承担了北京市人民政府相关委办局委托的关于国际交往中心建设的研究任务。在各院系的通力合作下，历时半年多，学校高质量地完成了各项研究任务。本套丛书就是学校对北京国际交往中心建设这一重大课题前期研究的一个阶段性成果总结。

北京国际交往中心建设既是一项新事业，也是一个新课题，国内外相关研究成果相对较少。这套由我校中青年教师撰写的丛书，相信能够丰富北京国际交往中心的相关研究成果，充实北京国际交往中心的新内涵，为北京国际交往中心建设提供更多的国际经验。如果这些研究成果能够引起更多学者关注和思考国际交往中心建设，能为北京市有关部门推进国际交往中心建设提供一些决策参考，我们将感到无比欣慰。

是为序。

计金标

2020 年 1 月

目 录

前　言

城市的进步，代表着国家的进步，也推动着个人的进步。时至今日，多维多元的全球化城市不断涌现，每一座城市都在寻求自身的优势特点及目标定位。2016 年《北京市国民经济和社会发展第十三个五年规划纲要》提出，北京要强化国际交往功能，建设国际城市。2017 年 9 月，《北京城市总体规划（2016 年—2035 年）》发布，提出落实城市战略定位，加快推进国际交往中心建设，构建世界级城市群。因此，以全球化视野谋划北京的发展，将北京打造成国际交往中心，既符合建设世界一流城市的战略目标，又符合北京自身功能定位的迫切需求。

法治环境对于国际交往中心的建设而言具有非常重要的意义，是国际交往中心建设的重要环节。国际交往中心是承担重大外交外事活动的舞台，向世界展示我国改革开放和现代化建设的成就。国际交往中心建设不仅仅需要向世界一流城市硬件设施标准看齐，更需重视保障国际化都市良好、有序运行的法治环境。在 2019 年 2 月中央全面依法治国委员会第二次会议上，习近平总书记专门指出，“法治是最好的营商环境”。可以说，只有健全稳定的法治保障，市场主体才能公开平等地竞争，以有长远预期和决策的眼光进行投资。国际化的环境，就是法治化的环境，也只有法治化的环境才是透明化、便利化的环境，才能让全世界对在中国发展充满信心。

北京要建设成国际交往中心，必须要建成法治中国的首善之区，具备国际一流和谐宜居之都应当具备的法治环境、服务环境。长期以来，北京市逐步落实依法治国方略，地方立法不断加强，法治政府全面推进，司法公正不断提升，全社会法治意识进一步增强。北京逐渐成为社会秩序、社会治安、社会风气和道德风尚最好的城市，向全世界展现法治之都、文明之都的良好形象。但是，我们也必须要认识到，国际交往中心的建设可能会涉及更多的人员流动和机构交往、更广的商品流通与技术交流、更大的资金往来，覆盖衣、食、住、行等各个环节，同其他国际性大都市相比，以及同国际交往中心建设的要求相比，北京在国际交往中心的法治建设方面还存在一些不适应、不符合的问题。

为此，我们利用北京第二外国语学院在语言翻译、对外交往、跨文化交流等方面的优势，组织法学专业教师对北京国际交往中心建设中的法治问题进行研究，著成本书。本书集中从北京地方法规的完善度、涉外司法查明能力、涉外劳工管理、涉外旅游管理、对外法治宣传、涉外行政执法程序等方面进行了梳理。从国内研究的总体状况来看，本书是国内较早涉猎北京国际交往中心建设法治保障问题研究领域的成果之一，具有一定的开创意义。当然，由于学识与眼界的局限性，本书难免存在不足之处与纰漏，我们希望读者宽容谅解，并提出宝贵的建议。

编　者
2020 年 5 月

北京国际交往中心建设法治保障研究总报告

董　涛

在人类发展的历史中，城市作为现代文明的主要承载地，不断演绎着崛起、繁荣与衰亡的循环。人类文明发展从未停滞，城市的格局变化也影响着人类生产与生活的理念与模式。城市的进步，代表着国家的进步，也推动着个人的进步。时至今日，多维多元的全球化城市不断涌现，每一座城市都在寻求自身的优势特点及定位。

2016 年《北京市国民经济和社会发展第十三个五年规划纲要》提出，北京要强化国际交往功能，建设国际城市。2017 年 9 月，《北京城市总体规划（2016 年—2035 年）》发布，提出落实城市战略定位，加快推进国际交往中心建设，构建世界级城市群。因此，以全球化视野谋划北京的发展，打造国际交往中心，既符合建设世界一流城市的战略目标，又符合北京自身功能定位。

一　法治保障：国际交往中心建设的重要环节

（一）法治环境对国际交往中心建设的重要意义

法治环境对于国际交往中心建设具有非常重要的意义，是国际交往中心建设的重要保障。国际交往中心是承担重大外交外事活动的舞台，向世界展示着我国改革开放和现代化建设的成就。国际交往中心建设不仅需要向世界一流城市硬件设施标准看齐，而且需要保障国际化都市良好、有序运行的法治环境。在 2019 年 2 月中央全面依法治国委员会第二次会议上，习近平总书记专门指出，“法治是最好的营商环境”，只有在健全稳定的法治保障下，市场主体才能公开平等地竞争，以有长远预期和决策的眼光进行投资，也只有法治化的环境，才是透明化的环境、便利化的环境。法治化的环境，也是国际化的环境，能使全世界对在中国发展充满信心。

实际上，早在 2014 年中共北京市委出台的《关于贯彻落实党的十八届四中全会精神全面推进法治建设的意见》中就指出，“立足建设国际一流的和谐宜居之都，着力加强落实首都城市战略定位方面的立法”。2019 年 2 月国务院发布的《国务院关于全面推进北京市服务业扩大开放综合试点工作方案的批复》（国函〔2019〕16 号）文件也专门提到了要“培育公平透明的法治环境”。在 2019 年北京市委政法工作会议上，蔡奇书记强调，要建设法治中国首善之区，为建设国际一流的和谐宜居之都创造公正的法治环境、优质的服务环境。在 2019 年 7 月召开的市委法律顾问座谈会上，蔡奇书记又专门指出，要深入学习习近平总书记关于全面依法治国的重要论述，把法治建设放在更加重要的位置上来抓，强化法治观念和法治能力，不断提高城市法治水平，建设法治中国首善之区，努力使北京成为社会秩序、社会治安、社会风气和道德风尚最好的城市，向全世界展现法治之都、文明之都的良好形象。

（二）北京国际交往中心法治建设中的不足

长期以来，北京市不断落实依法治国方略，地方立法不断加强，法治政府建设全面推进，司法公正不断提升，全社会法治意识进一步增强。但是，我们必须清醒地看到，国际交往中心的建设可能会涉及更多的人员流动和机构交往、更广泛的商品流通与技术交流、更大量的资金往来，覆盖衣、食、住、行等各个环节，同其他国际性大都市相比，以及同国际交往中心建设的要求相比，北京的法治建设还存在一些不适应、不符合的问题。这主要包括以下几个方面。

1. 在法治宣传，尤其是对外法治宣传方面，存在严重不足

2019年，全国普法办公室发布了《2019年全国普法依法治理工作要点》，强调加强法治外宣，积极运用各种渠道，讲好中国法治故事，展示法治中国良好形象。但目前北京的法治外宣工作还是由不同部门自发、分散展开，尚未制定和实施统一的措施。尤其是地方法规，包括北京市地方性法规、政府规章、规范性文件等的外文译本覆盖率极低，使得海外受众难以方便地获知北京市相关法规内容。北京市为优化营商环境，出台系列政策，不断提高公共服务的效率，节约企业办事的时间，优化政务办公流程，打通政策落实的“最后一公里”。但是，在关注“最后一公里”的同时，忘记了“抬脚的第一厘米”。由于缺乏有效的外文译本，外商对北京市涉外政策无法充分了解。

2. 在涉外司法实践中，外国法查明能力存在不足

我国法院基于本身的司法属性和自身功能中的涉外因素，在涉外案件中适用当事人依据意思自治原则所选择的外国法，体现了一个大国对他国法律的尊重，同时也体现我国开放、包容、自信的司法理念，有利于提升我国在国际社会中公平、公正、公开的司法形象。但我国法院对涉外案件管辖与外国法的适用，牵涉外国法的查明问题。目前在我国法院审理的涉外案件中，在双方合意选择域外法作为准据法的情况下，绝大多数法院以无法查明为理由适用了中国法律。单就某一法院某一案件来看，回避外国法的查明和适用，只是对个案的影响，但如果将我国法院视为整体，置于中国负责任大国形象的树立和深度参与全球治理的大背景下，那么这种消极回避式的做法将是对我国司法先进性、包容性、能动性的一种侵蚀。北京作为首善之都，更应该发挥法院在涉外方面的重要作用，树立北京良好的法治形象，推动北京成为国际民商事纠纷解决的中心。

3. 在外籍人员违法犯罪的排查管控程序方面还存在不足

随着北京经济的快速发展，在京外国人数量也急剧增长。北京公安机关及相关执法部门，在对外籍人员违法犯罪现象进行排查管控时面临诸多困境。我国对外国人管理采用的是以公安与外交机关为主的多部门、多机构及央地共管的模式，不同部门、不同机构之间缺乏沟通协调机制，信息无法及时共享，造成了外国人管控工作中“边界真空”隐患。同时，目前针对外国人进行行政拘留的时候，主要依据的是《公安机关办理行政案件程序规定》，但该规定对于涉外行政案件的办理只有短短几条，远远不足以应对现实中办案人员遇到的复杂问题。此外，在外籍人员违法犯罪管控过程中，语言翻译也是个难以解决的问题，存在较大的专业人才的缺口。如果外籍人员违法犯罪管控中这些问题不能得到有效解决，将会大大影响北京作为一个国际性大都市应有的法治形象。

4. 在地方性涉外经贸管理制度方面还存在诸多不足

经过多年改革，北京营商环境和开放水平均有显著提升。但是，仍然存在一些明显的不足。近10年来，北京几乎没有颁布与涉外经贸有关的地方法规。目前涉外经贸方面的规范性文件普遍层级较低。正是因为层级较低，在稳定性、部门协调性等方面存在明显缺陷。总体而言，当前北京涉外经贸法律层级较低、分布碎片化。在商事登记制度、货物贸易与技术贸易便利化措施、服务业开放和外资管理等方面，都有较大的提升空间，亟须改进。

5. 在涉外劳动者管理制度方面也存在一些不足

近年来，在京就业的外籍人员日益增多。外国人在中国就业，不能简单地适用一般的劳动法，外国人与中国人的就业管理和就业保护政策有很大差异。另外，各地的政策和司法实践也有很大差异。但是，我国在涉外劳动者管理方面，包括北京的地方管理制度，都存在一些不足，还未形成能吸引最优秀人才的“软环境”。这些不足需要改进，包括对在北京就业的外国人办理居留许可证的流程需要更加高效、简便，《中华人民共和国劳动合同法》中关于涉外劳资争议纠纷的条款需要进一步细化与明确。

除了上述内容，在北京国际交往中心建设中，旅游环境、古城文化产权保护、外汇管理、就医、就学、住房等诸多方面的法律制度，都需要进一步完善。

二　大智用法：进一步完善北京涉外法治建设的建议

在人类治国理政的方略上，曾有过不同的做法，展现不同的智慧。但是历史证明，所有的这些治理策略中，最大的政治智慧就是法治。正所谓“小智用财、中智用人、大智用法”。为了促进北京国际交往中心建设，改善北京国际化服务环境，进一步完善北京涉外法治建设，我们提出以下八大方面 17 条建议。

（一）加快制定相关涉外地方性法规

在科学立法、民主立法的基础上，要着力加快制定和完善与涉外有关的地方性法规。

1. 加快推进北京市公共服务领域外语标识使用与管理规定的制定与推广实施

标准、规范的公示语对于首都国际交往中心的建设具有相当重要的意义，在国家标准委、教育部、国家语委已经颁布《公共服务领域英文译写规范》的情况下，加快推进北京市公共服务领域外语标识使用与管理规定的制定与推广实施。

2. 尽快出台北京市外商投资条例

结合新外商投资法 2020 年实施的契机，北京要在《中华人民共和国外商投资法》及其配套法规的框架下，充分考虑地方的特色和发展需求，进一步构建透明、公平、便利、安全的地方外资管理制度。在条件成熟时，出台本市的外商投资条例。

3. 创新旅游地方立法建设，适时推动京津冀三地人大共同制定统一适用的地方性旅游基本条例

目前，京津冀三地虽都制定了本地的旅游条例，但三个条例基本是在本地视角下制定的，没有考虑京津冀协同发展的要素，旅游条例不具有统一性。在条件成熟时，三地人大可以考虑共同制定适用于三地的统一的地方性旅游基本条例。为推进京津冀三地旅游标准互用互认，三地已共同编制《京津冀旅游地方标准化文件汇编》，除此之外，还应建立京津冀旅游标准共用、共推机制。就北京市而言，应在《北京市旅游条例》的基础上，针对“一日游”、民宿管理、“旅游+”等存在突出问题的领域制定专门的行政规章制度，补充法律空白。

4. 研究出台专门的古都文化传承知识产权保护条例

为了推动北京传统文化传承，加大北京作为文化古都的国际吸引力，要进一步突出知识产权保护在其中的核心引领作用，应研究

出台专门的古都文化传承知识产权保护条例，并确保其合理性和可行性，在该条例中应有效突出北京市在全国传统文化保护、知识产权建设方面的引领性地位，聚焦专利、商标、著作权等方面权利的保护现状和热点问题，结合国家相关法律法规，针对首都传统文化保护传承的现实问题，制定和实施符合首都特色的条例。

（二）完善外籍人员违法犯罪控制程序

1. 建立多部门信息共享平台，从源头上把控入境信息

为了防止外籍人员居住信息不实，或者入境后改变实际居住地，导致地方警察难以查控等问题的出现，应要求外籍人员在办理入境签证前提供各种社交平台的信息。此外，应改变目前入户核实外籍人员的方式，这种方式不仅耗时耗力，而且可能引发文化冲突。

2. 加大对北京涉外法律人才的培养力度，并且进一步划分方向和类别，改革考察方式

由于法律领域庞杂，需要在综合培养的基础上进行进一步分类、深度培训，比如警务外语、刑侦外语等。北京应深入考察具备这些培训项目的高校和相关机构，重点扶持具有外语兼法学优势的高校和研究机构，在其内部设立诸如涉外法律语言翻译服务中心之类的机构。此外，还应进一步改革法律外语的考试和上岗方式，对已经具有丰富办案经验的一线人员，酌情放宽考察标准，不过分要求其每年参加翻译证考试方可上岗，应该结合考试成绩、同行评价、工作经验和年限等做出更为人性化和合理化的上岗方案，减少在处理涉外案件时，外行翻译负责签字、内行警务人员主导实际翻译工作的怪现象。

3. 将移民局从公安系统中独立出来，实行独立考核

外事无小事。随着首都经济的发展和对外开放程度的提升，外

事案件对首都法治形象的树立至关重要。现行的将移民局和其他涉外案件办理部门统一归属公安系统并参与公安系统综合考核的方式，在庞大的公安管辖事务范围内所占比重较小，因此无论在人力配比还是其他资源配比方面都会受到忽视，甚至导致办案人员所得津贴也相对较低，导致其工作积极性较低，人才难以保持。未来应将移民局从公安系统中独立出来，并进行独立考核，以适应外籍人士管理工作的特点。

（三）及时建立北京市外国法查明中心

对我国法院而言，除继续依靠官方途径查询之外，还应该积极扩大多元化查询途径。此外，还应重视相关数据库的建立，逐步完善外国法查明的相关法律数据，利用大数据平台增强外国法查明的便利性。目前国内法院已有相关实践，最高人民法院与中国政法大学建立了外国法查明研究中心。西南政法大学中国—东盟法律研究中心成立，担负起查明东盟法律的重任。华东政法大学外国法查明研究中心，为上海、长三角地区乃至全国的涉外审判、仲裁实践、实务部门等提供高质量的外国法查明、涉外司法实践等服务。北京作为首都、国际交往中心，更应该树立良好的法治形象，尊重其他国家的法律制度。充分利用外语类语言院校的优势，建立外国法查明中心，为北京对外交往提供司法支持和保障。

（四）尽快启动北京地方法规翻译工程

1\. 建设北京法规规章英译文数据库与外国法律中译文数据库

目前地方法规，包括北京市地方性法规、政府规章、规范性文件等的英文译本覆盖率较低，使得海外受众难以方便地获知北京市相关法规内容。如北京法规规章、政策文件不能及时外译，不能更好地实现营商环境、交流环境、语言环境的国际化，北京就只能是中国的交流中心、中华文化圈的交流中心，而不可能成为国际交往中心。因此，应及时启动北京地方法规翻译工程，及时将北京的地方性法规、政策文件以多语种的形式外译，向世界展示北京作为世界性大都会的气度。同时，为了加强与他国合作与交流，也应当扩大对外国法律法规的翻译覆盖面，为国际交往中心建设奠定法治基础。

2. 制定北京地方法规翻译统一规范，发布北京法规规章汉英翻译术语标准库与北京法规规章汉英翻译背景知识库

尽管各国法律制度各异，但在法律技术层面仍具有一定的相似性，特别是我国在法治建设中充分借鉴了各国的先进经验，使得海内外的法律专业术语和表达逻辑在一定程度上是共通的，因此法律文本的翻译应当以国际通用的专业术语来表述，利用这种专业逻辑的共通性来降低受众理解的难度。同时，许多有中国特色的法律制度在国际上还没有完全对应的表达，若仅根据字面进行直译，许多海外受众难以理解，这也是国内很多法律文件译本普遍存在的问题。为了将中国特色制度与海外受众所熟悉的类似制度建立联系，应以相似的词汇进行表达，使海外受众能够借助其既有知识快速理解有中国特色的法律制度。要尽快制定北京地方法规翻译统一规范，发布北京法规规章汉英翻译术语标准库与北京法规规章汉英翻译背景知识库。

（五）营建话语体系，进一步扩大北京对外法治宣传

在北京市委的统一领导下，充分动员各方力量，利用各种资源，由司法机关、法制新闻媒体、法律服务行业、法学研究学术机构以及自媒体等共同搭建多层次、多角度、多身份的对外法治宣传矩阵，将北京法治建设的全部优质内容，全面地向世界展现。建设北京法治宣传网站英文版，或在原有“首都法制宣传教育网”的基础上增设英文版。对外法治宣传应注重网络技术手段的运用，可以

利用海外主要网站新闻网页，如雅虎新闻、电子邮件列表订阅、RSS 订阅等渠道进行宣传，甚至可以制作并发布法治宣传 App，将内容直接推送至用户终端，建立直达海外读者的联系渠道。

（六）完善商事登记与外资管理相关规定

1. 出台权威的商事登记地方性法规，提高北京商事登记制度的稳定性和权威性

进一步提高开办企业便利度，办理相关手续由“一天一门”到真正的“零跑腿”。持续推进企业登记全程电子化改革，推广电子营业执照的使用，缩短开办企业时间。尝试运用电子印章，方便登记流程的高效进行。加快部门间数据共享，优化登记流程。加快推进“多证合一”基础上的信息共享，进一步加强企业登记信息化建设，加快推进部门间信息互联共享。各部门之间可搭建统一的信息资源平台，加强协作，共享必要的审批数据，减少制度性交易成本。提高外资开办企业便利度，实行准入前国民待遇。

2. 拓展国际贸易单一窗口功能，建设更具地方特色的特色版

应着眼于包括监管、物流、金融、保险等国际贸易全链条服务的供应，积极拓展地方特色服务功能。在京津冀一体化背景下，北京应加强区域合作，推动三地的贸易监管与物流信息的互联互通、协同发展，建设区域贸易单一窗口。

3. 促进技术转移和服务业开放，将自由进出口技术合同的登记管理权限适当下放

我国管理技术进出口合同的法律主要是《中华人民共和国技术进出口管理条例》和根据其制定的《技术进出口合同登记管理办法》，其中《技术进出口合同登记管理办法》规定，国家对自由进出口技术合同实行网上在线登记管理，并持技术进（出）口合同登记申请书、技术进（出）口合同副本（包括中文译本）和签约双

方法律地位的证明文件，到商务主管部门履行登记手续。按照规定，技术进出口合同登记管理权在省级商务主管部门。近年来，为促进技术转移和服务业开放，许多省级商务主管部门将自由进出口技术合同的登记管理权限下放到设区的市一级。北京市目前的管理权限还未下放，要积极推动北京进出口技术合同登记管理权限适当下放，简化进出口技术合同登记的流程和手续，推动全程电子化改革，缩短登记时间。

（七）推动地方涉外劳动者管理制度的完善

1. 坚持人才优先战略，为外籍人员工作许可提供更高效的服务

有关部门应积极与相关企业沟通，提醒其聘用外籍员工的注意事项。在外国人就业集中的地区设立一站式办理工作许可的工作站，简化流程，改善吸引外国优秀人才的“软环境”，为经济发展提供人力资源保障和支撑。可参考借鉴其他城市的成功经验，如“一窗受理、一口办结”、“一网通办”、一站式办理模式等。

2. 明确《劳动合同法》有关规定，允许与外籍员工约定解除条件

外国人在中国就业，其工作时间、休息休假、劳动安全卫生等按照我国现行劳动法律执行，没有争议，但是关于解除聘用关系，是必须严格按照《劳动合同法》的规定，允许用人单位与外籍员工通过劳动合同进行约定，在司法实践中存在很大的分歧。《劳动合同法》明确了劳资双方解除、终止劳动关系的法定情形，却没有对外国人在中国就业做出新的规定。北京作为全国法制的首善之都，应率先出台相关法规，明确允许企业与外籍员工约定解除条件。在保障外国员工最低工资、工作时间、休息休假、劳动安全卫生等基本劳动权利的原则下，结合平等自愿、意思自治以及诚实信用、公平合理等原则确定其他权利义务，其中包括解除条件。

（八）设立“北京国际知识产权学院”或“知识产权研究院”

在全球化的背景下，北京处于国际交往中心、科技创新中心与文化中心的交会点。知识产权保护对于提升北京城市发展质量、树立国际形象尤为重要。迫切需要培养一大批精通外语、通晓科技创新动态的高端知识产权复合型人才，为北京汇聚全球技术创新资源提供有力的人才支撑。北京高校云集，国家知识产权局、最高人民法院知识产权法庭都位于北京，同时世界知识产权组织（WIPO）在北京设立办事处，有众多的知识产权服务机构（超过两千家），这些都为国际知识产权高端人才培养提供了独特的区位优势。因此，应积极把握发展机遇，顺应时代潮流，探索有效的教育模式，汇聚多方资源、创新培养体制，设立“北京国际知识产权学院”或“知识产权研究院”，为首都的国际交往中心建设培养更多具有全球性视野的高端知识产权人才。

• 分报告 •

北京涉外经贸领域法律保障研究

李　杉

国际交往中心的职能规划是新时代下北京作为首都的四个重要的职责使命之一。观察当今世界最重要的国际交往中心，如巴黎、纽约、伦敦，虽然各具特色，但它们之所以能够成为"国际交往枢纽"，亦有共性，比如庞大的人口规模、便利的交通条件、完备的城市设施、方便的服务系统、较高的法治水平等。同时，一个城市能否成为国际交往中心与本国在世界大格局中的地位变迁密切相关。目前，中国作为世界第二大经济体、第一大贸易国，国际地位不断提升。中国要发挥负责任大国的作用，积极贡献全球治理方案，推动经济全球化朝着更加开放、包容、普惠、平衡、共赢的方向发展。北京既是中国所倡导的新型国际关系的主场，同时又要参与同东京、新加坡等亚洲区域性城市国际交往中心以及同纽约、伦敦、巴黎等全球城市国际交往中心的竞争。因此，集聚当前相关优势资源，加快推进北京国际交往中心建设更为迫切。城市环境的改善，国际活动的聚集，需要城市各方面水平的整体提升。完备的法律体系和高效的法律运作机制是提升城市水平必不可少的保障。打造法治化、国际化、便利化的营商环境，是北京建设国际交往中心的重要任务之一。以下将聚焦涉外经贸领域的法律问题，为北京国际交往中心建设提出相关建议。

一　北京涉外经贸法律概况

北京作为我国的首都，以国内首善、国际一流为建设目标，一贯重视法治水平的提高。近些年，北京在遵守宪法、法律和行政法规的前提下，结合地方特色，坚持首都城市性质和功能定位，应对经济社会发展和全面深化改革的要求，发布了相当数量的有针对性、实效性和可操作性的规范性文件。这些都为北京的涉外经贸发展提供了保障。

经过近些年的深化改革，北京的营商环境和开放水平均有显著提升。在 2019 年北京市十五届人大二次会议《政府工作报告》中指出："营商环境明显改善，对外开放全方位扩大。"北京先后出台"9+N"系列政策措施和进一步优化营商环境三年行动计划，在企业开办审批时间、工程建设项目许可办理时间上大大提高了办事效率。

北京作为服务业扩大开放综合试点，深入对接国际规则，采取多项创新举措，累计形成 68 项开放创新成果，外资企业"全周期"管理、商务备案与工商登记"单一窗口、单一表格"受理等一批试点经验在全国推广。[①] 服务贸易进出口额突破 1 万亿元。

在引进外资方面，北京也取得可喜成果。国内首家外资控股飞

① 《2019 年政府工作报告》，北京市人民政府网站，http://www.beijing.gov.cn/gongkai/jihua/zfgzbg/t1581233.htm，最后访问日期：2020 年 1 月 16 日。

机维修企业落地运营，首家外资控股证券公司、三大信用评级机构等一批具有国际影响力的金融及服务机构落户北京，2018 年全年实际利用外资超过 160 亿美元。[①]

但一个值得注意的事实是，近 10 年来，北京几乎没有颁布与涉外经贸有关的地方性法规。目前的这些涉外经贸方面的规范性文件普遍层级较低。正是因为层级较低，所以在稳定性、部门协调性等方面存在明显缺陷。总的来看，当前北京涉外经贸法律存在层级较低、分布碎片化等问题，在商事登记制度、贸易便利化措施、服务业开放和外资管理等方面，有些规定已经较为完备，但仍有提升空间，有些则相对落后，亟须改进。

二　北京构建地方性涉外经贸法律应坚持的原则

适应地方的实际情况，解决本行政区域的实际问题，这是制定地方性法规的首要原则。结合地方特色，坚持首都城市性质和功能定位，北京的地方性法规制定应始终围绕这一要求，经贸法律方面也不例外。具体来说，北京地方经贸法规的构建需要坚持以下几项原则。

第一，便利化、高效率。减少和消除阻碍要素跨境流动的障碍，降低交易成本，建立简便、协调、高效的贸易投资体系是当今国际经贸规则发展的方向。这也与我国扩大改革开放的总体战略完全契合。我国于 2015 年接受世界贸易组织《贸易便利化协定》议定书以来，采取了诸多促进贸易便利化的措施，北京的地方立法当然要与国际规则和国家的改革方向保持一致，坚持高效便利的

① 《2019 年政府工作报告》，北京市人民政府网站，http://www.beijing.gov.cn/gongkai/jihua/zfgzbg/t1581233.htm，最后访问日期：2020 年 1 月 16 日。

原则。

第二，透明、公正。法治是最好的营商环境，建立一个透明、公正的法律体系是法治建设的基本原则，足够的透明度和公正性也是我国在加入世界贸易组织时做出的承诺。我国近些年来在法治透明化方面取得了长足进步，无论是立法程序，还是司法公开和政府信息公开，其透明度水平都有明显提高。[①] 以国内首善、国际一流为建设目标的北京，法治的透明、公正建设不可忽视。

第三，鼓励创新与协调发展。一是创新。“全国科技创新中心”是首都城市战略定位四个中心之一，科技和人才是北京的最大优势，北京有 90 多所高校、1000 多家科研院所、120 个国家重点实验室、68 个国家工程技术研究中心，还有 86 万名左右的在校大学生，以及 2.5 万家国家级高新技术企业。[②] 北京在建设国际交往中心的过程中，地方立法要充分利用北京的科技优势，将北京打造成国际技术转移枢纽。二是协调。根据 2015 年通过的《京津冀协同发展规划纲要》，推动京津冀协同发展是一个重大国家战略。战略的核心是有序疏解北京非首都功能，调整经济结构和空间结构，走出一条内涵集约发展的新路子，探索出一种人口经济密集地区优化开发的模式，促进区域协调发展，形成新增长极。[③] 经过 5 年的协同发展，北京的城市空间格局已经实现了历史性重塑，“一核两翼”联动发展格局初步形成。配合京津冀一体化发展战略，北京法治的

① 叶楠：《论美国投资条约中的透明度规则及其对我国的启示》，《北京工商大学学报》（社会科学版）2013 年第 6 期。

② 陈吉宁：《北京最大的优势，是人才的优势和科技的优势》，搜狐网，http：//www.sohu.com/a/342242141_822153，最后访问日期：2019 年 10 月 20 日。

③《京津冀协同发展战略五周年记：京津冀协同发展成就斐然》，新浪新闻，http：//news.sina.com.cn/gov/2019-02-26/doc-ihsxncvf7989089.shtml，最后访问日期：2019 年 10 月 20 日。

建设需要产业之间、区域之间的经济协调发展。

第四，环境保护。环境保护与经济可持续发展是国际社会普遍关注的议题，不但出现在有关环境保护的国际谈判和相关公约中，而且逐渐进入国际贸易和投资规则中，在2018年通过的几个大型的区域自由贸易协定中均可见到有关环境保护和可持续发展的内容，如《全面与进步跨太平洋伙伴关系协定》（CPTPP）、“经济伙伴关系协定”（EPA）、《美国-墨西哥-加拿大协定》（USMCA）。

我国的环境保护起步较晚，但是经过改革开放40多年来的发展，社会各界环境保护意识明显提高，环境立法和环保机制建设日趋完善，环境质量恶化趋势得到基本控制，生态文明建设成效初显。[①] 党的十九大立足生态文明建设取得的阶段性成果，着眼长远未来，进一步将“坚持人与自然和谐共生”作为新时代坚持和发展中国特色社会主义的基本方略之一。北京近些年通过或修改多部与环境保护有关的地方法规，对环境的重视可见一斑。比如2012年12月制定的《北京市湿地保护条例》、2018年3月修改的《北京市大气污染防治条例》和《北京市森林资源保护管理条例》、2019年7月修改的《北京市河湖保护管理条例》，等等。

在北京地方经贸法治建设中，必须注意到国际贸易和投资规则在环保问题上的新发展，力争做到向国际新规则看齐。

三　北京涉外经贸法律领域存在的具体问题及建议

（一）商事登记制度

目前存在的问题主要是，宏观上，缺乏权威的商事登记制度的

① 《环境保护事业全面推进生态文明建设成效初显——改革开放40年经济社会发展成就系列报告之十八》，国家统计局网站，http：//www.stats.gov.cn/tjsj/zxfb/201809/t20180917_1623289.html，最后访问日期：2019年10月20日。

法律；微观上，开办企业便利度仍有提升空间，特别是外资开办企业方面，提升空间更大。

商事登记具有确认功能、保障功能、公示功能、服务功能和经济管理功能，但最基本的功能应该是市场准入和对交易相对人的保护。中国商事登记还不算成熟，有关商事登记法律条款零散地分布在各类规范性文件中，统一的商事登记立法尚未形成，严重影响我国商事登记制度应有的权威。在这种情况下，地方性法规就显得非常重要。北京目前关于商事登记的规定主要是以北京市市场监督管理局发布公告的形式出现，这种形式的优点是非常灵活，可以根据需要及时进行调整和改进，但缺乏规范性，法律文件缺乏稳定性和权威性，从长期来看，出台权威性的商事登记地方性法规很有必要。

在世界银行《2019 年营商环境报告》中，由于我国高度重视“放管服”改革，致力于改善营商环境，我国在全球 190 余个经济体中的排名大幅提升，由 2018 年的第 78 位跃升至第 46 位，同时首次跻身营商环境改善排名前十的经济体行列。虽与发达国家经济体有一定差距，但在亚太地区处于较为领先水平。[①] 在 2019 年 10 月发布的《2020 年营商环境报告》中，中国排名再次提升 15 位，位列第 31 名，首次进入全球前 40 位。北京是该评价所依据的中国大陆的两个样板城市之一，在营商环境方面处于国内领先地位。[②]

“开办企业”也是世界银行衡量营商环境的一级指标之一，近年来，我国在“开办企业”指标上的排名总体上呈稳步上升的趋

① 宋林霖、莫仁芳、王文瑜：《深化商事登记制度改革　优化营商环境》，《中国市场监管研究》2019 年第 1 期。

② 陈吉宁：《国内 22 城市营商环境评价　北京综合排名第一》，新浪财经，http://finance.sina.com.cn/china/gncj/2019-09-19/doc-iicezzrq6885252.shtml? source=cj&dv=1，最后访问日期：2019 年 10 月 20 日。

势，在《2019年营商环境报告》中排在第28位，在《2020年营商环境报告》中排在第27位，创下了该指标最高排名纪录。企业设立所需时间从2004年的46天到2019年的8.6天，呈大幅缩短趋势，2019年李克强总理在《政府工作报告》中表示还要进一步提升，随后发布了《国务院办公厅关于进一步压缩企业开办时间的意见》，国家市场监管总局、国家发改委、公安部、人力资源和社会保障部、国家税务总局五部门联合发布了《市场监管总局等五部门关于持续深化压缩企业开办时间的意见》，工作目标是力争2019年年底前，全国实现压缩企业开办时间至5个工作日内。北京在这一方面走在了全国的前列，企业开办时间已经由2018年的5天全办好，到2019年2月的2~3天，进一步提速至如今的最快一天全办好。[①] 市场监管部门一天内予以核准，并向企业颁发电子营业执照，发票申领由限时办结制改为即时办结制，企业设立后可当日一次性获取营业执照（免费公章）和发票。北京近年来开展的商事制度改革，在很大程度上提升了开办企业便利度，但仍有提升空间。

具体到涉外方面，提升空间更大。在北京，涉外开办企业的登记主要包括外国企业常驻代表机构登记、外资企业登记（中外合作经营企业、中外合资经营企业、外商独资企业）两种，都需要经过“申请受理、审查与决定、颁证与送达”三个环节，法定办结时限15个自然日，而外国法人的认可，即外国（地区）企业在中国境内从事生产经营活动核准，其法定办结时限则是30个自然日。与上述内资企业登记相比，手续更多，时间更长。

针对上述问题，提出以下几点建议。

---

① 《再提速！北京企业开办进入“一时代”》，中华人民共和国中央人民政府网，http://www.gov.cn/xinwen/2019-05/06/content_5389107.htm，最后访问日期：2019年10月20日。

（1）出台权威的商事登记地方性法规，提高北京商事登记制度的稳定性和权威性。

（2）进一步提高开办企业便利度，以真正的“零跑腿”为目标。[①] 比如，新加坡 2009 年就出台有关改革措施，目前在新加坡注册企业只需要一项程序，即按照在线提示填写完成各类电子表格，15 分钟后即可获得审核结果。

我们也可以采取相应的具体措施，应持续推进企业登记全程电子化改革，推广电子营业执照的使用，压缩开办企业时间。尝试运用电子印章，方便登记流程的顺利进行。加快部门间数据共享，优化登记流程。加快推进“多证合一”基础信息共享，进一步加强企业登记信息化建设，加快推进部门间信息互联共享。各部门之间可搭建统一的信息资源平台，加强协作，共享必要的审批数据，减少制度性交易成本。

（3）提高外资开办企业便利度，落实国民待遇。我国新的外商投资法于 2020 年 1 月 1 日起实施，负面清单加准入前国民待遇模式将在全国正式实行，实现内资企业与外资企业的一视同仁。对于符合准入条件的外资企业，在其准入前和准入后都应享有国民待遇。在 2019 年的两会上，国家发改委曾在以“大力推动经济高质量发展”为主题举行的记者会上对此作出解释。全面清理外商投资准入负面清单之外领域的对外资单独设置的准入限制，确保市场准入内资与外资标准一致，这就是对外资实行准入前国民待遇。同时，推进在政府采购、标准制定、产业政策、科技政策、资质许可、注册登记、上市融资等方面给予外资企业公平待遇，这就是对

① 宋林霖、莫仁芳、王文瑜：《深化商事登记制度改革　优化营商环境》，《中国市场监管研究》2019 年第 1 期。

外资实行准入后的国民待遇。可见，在商事登记方面，也应当做到外资企业与内资企业一视同仁。

（二）货物贸易便利化措施

《贸易便利化协定》是中国加入世界贸易组织后参与并达成的首个多边货物贸易协定，它不仅仅将有助于中国口岸综合治理体系现代化，还将普遍提高我国主要贸易伙伴的贸易便利化水平，促进中国产品出口并营造便捷的通关环境。但是由于保护主义和单边主义的影响，该协定在推进落实过程中受阻。中国作为全球第一大货物贸易国，始终持续推进贸易便利化，这是对多边主义的尊重，彰显了负责任大国担当。

国际贸易“单一窗口”是目前国内推进贸易便利化的主要措施。与传统贸易监管模式相比，它可以重塑商品进出境流程，利用先进的技术支持，大幅度减少进出口通关前期准备时间与成本，不仅降低政府机构的监管工作量，而且能为进出口企业带来显著利益。

按照国务院有关决策部署，我国“单一窗口”建设依托中央、地方两级电子口岸公共平台，分为全国标准版和地方特色版，共同打造全国一体化的“单一窗口”环境。2017 年，我国在全国范围内推行国际贸易“单一窗口”标准版，截至 2018 年 11 月底，已经覆盖全国 31 个省区市，实现了“一点接入、一次递交、一次查验、一键跟踪、一站办理”，有效解决了进出口企业原有的多种申报问题。

北京在使用国际贸易“单一窗口”标准版中不断地尝试和努力，2018 年 9 月成功试点国际贸易“单一窗口”出口退税外贸版后，于 2019 年 7 月再次进行生产版试点，经过为期一个月的试点应用，正式通过检验，赢得试点企业充分认可，累计实现退税金额

0.68亿元人民币。2019年8月1日起，面向全市生产型出口企业全面推广实施该系统，标志北京市在全国率先实现国际贸易“单一窗口”标准版出口退税功能全面覆盖出口企业。[①]

研究世界银行发布的《2020年营商环境报告》可以发现，作为代表中国大陆的两个样本城市，上海、北京的各项指标的数据大体上是很接近的，不少指标的分数几乎相同。但是，在“跨境贸易”这一指标上，上海有比较明显的优势。表1是北京和上海进出口报关单审查和通关所需时间的对比，可以看出，除了在进口通关时间上略有领先外，其他三项北京均处于劣势。除所需时间较长之外，北京在上述各项中所需的费用也高于上海。[②]

表1　北京、上海“跨境贸易”指标对比

单位：小时

指标	北京	上海
出口通关时间	24	18
出口报关单审查时间	10	8
进口通关时间	34	37
进口报关单审查时间	15	11

上述数据说明，北京的贸易便利化程度尚有较大提升空间。目前需要进一步提升之处：在标准版已经上线运行的情况下，特色版该如何发挥自身优势才能把特色业务做精做强，更好地为当地外贸

① 《北京市在全国率先全面推广国际贸易“单一窗口”标准版出口退税功能》，北京市人民政府网站，http://www.beijing.gov.cn/fuwu/lqfw/gggs/t1595735.htm，最后访问日期：2019年10月15日。

② World Bank. 2020. *Doing Business*，https://www.doingbusiness.org/en/data/exploreeconomies/china#，最后访问日期：2019年10月26日。

企业服务。

针对上述内容，提出以下几点建议。

（1）拓展国际贸易“单一窗口”的功能，建设更具地方特色的特色版。应着眼于包括监管、物流、金融、保险等国际贸易全链条服务的供应，积极拓展地方特色服务功能。

（2）加强区域合作。目前我国的国际贸易“单一窗口”都是地方性的贸易“单一窗口”，无论是建设方案还是后续的创新领域均存在一定差异，各地的贸易监管与物流信息尚未完全实现互联互通。如果商品要跨区域转移并最终出境，仍需要在不同区域重复完成海关、商检、码头、边检等环节的各项手续，这种区域间的信息隔绝再一次降低商品进出境效率。在京津冀一体化发展战略下，北京应加强区域合作，协同发展，建设区域贸易单一窗口。

（3）关注和借鉴“两步申报”通关模式。从“单一窗口”“减单证”“进出口环节监管证件网上申报和办理”到“两步申报”，代表着我国贸易通关便利化程度的发展方向。“两步申报”是指在企业提交有效税款担保，包括关税担保或关税保证保险前提下，进口企业向海关进行简化的“概要申报”，海关对提货申报信息以及该票货物对应的舱单信息进行风险控制管理，确定为合规的，直接发出提货指令，进口人在后续的规定期限内办理“完整申报”及税款征收手续后完成全部通关流程的进口通关制度。[①]“两步申报”通关模式可以有效降低企业在申报过程中的风险，还可以快速搞定海关考核的通关时效，而且可以缩短企业处置各种单证税费的时间。2019年8月，这一模式已经开始在黄埔

① 《重磅！“两步申报”通关模式正式推出！》，搜狐网，http://www.sohu.com/a/333608710_99944558，最后访问日期：2019年10月15日。

区、深圳市、青岛市先行试点。北京应当关注试点城市的实施效果，借鉴其经验，以便在将来可以结合本地特色更好地推广使用。

（三）技术贸易便利化措施

北京需要利用服务业扩大开放综合试点城市的机遇，加强国际技术转移枢纽建设，以科技产业竞争的国际化带动国际交往的世界化。当今世界，科学技术作为最活跃、最具革命性的生产要素，日益成为国家竞争力的核心体现。随着人工智能、大数据、云计算、区块链等技术应用模式的不断涌现，技术的可贸易性不断增强，大力发展技术贸易是新一轮科技革命和产业变革的客观需要，是实现经济高质量发展的必然要求，是创新型国家建设的必由之路。[①] 作为创新和市场的纽带，技术贸易在推动产业优化升级、增强企业创新能力、培育经济增长新动能等方面发挥日益重要的作用，成为中国创新型国家建设的重要助推器和加速器。与此同时，技术转移也是许多服务贸易中的重要元素，也与服务业的开放密切相关。

自由进出口技术合同是目前技术贸易中最常见的形式，我国管理技术进出口合同的法律主要是《中华人民共和国技术进出口管理条例》和根据其制定的《技术进出口合同登记管理办法》（下称“办法”），其中办法规定国家对自由进出口技术合同实行网上在线登记管理，并持技术进（出）口合同登记申请书、技术进（出）口合同副本（包括中文译本）和签约双方法律地位的证明文件，到商务主管部门履行登记手续。按照规定，技术进出口合同登记管理权在省级商务主管部门。近几年来，为了促进技术转移和服务业开放，许多省级商务主管部门将自由进出口技术合同

① 《商务部副部长王炳南：人工智能、区块链等使技术可贸易性增强》，搜狐网，http://www.sohu.com/a/228880887_115060，最后访问日期：2019 年 10 月 19 日。

的登记管理权限下放到设区的市一级。北京市目前的管理权限还未下放。

针对上述内容，提出以下建议。

（1）为了促进技术转移和服务业开放，应将自由进出口技术合同的登记管理权限适当下放。

（2）简化进出口技术合同登记的流程和手续，推动全程电子化改革，缩短登记时间。

（四）外资管理措施

改革开放 40 年来，我国利用外资的规模不断扩大，2018 年我国吸收外资金额居全球第 2 位，同时外资质量和水平不断提高，特别是投向服务业和高技术产业的外资所占比重有较大增加。与此同时，我国的外资法也在日益完善中。在国内法层面上，2019 年 3 月 15 日，第十三届全国人大二次会议表决通过的《中华人民共和国外商投资法》是我国规范外商投资的基础性法律，也是我国的第一部综合性的外资法，其内容较过往的外资法有重大改变，标志着中国正在实现高水平的投资自由化与便利化，也标志着中国经济对外开放正在步入新时代。为了更好地推动新外商投资法落地，商务部目前正在研究制定配套法规，进一步细化外商投资法确定的各项制度，并将与外商投资法同步实施。在国际法层面上，我国也已经与超过 130 个国家签订了双边投资协定，还有一些重要的双边投资协定正在磋商中。

北京高水平对外开放，实现发展质量跃升，特别是中共十八大以来，北京实际利用外资额连续跨过 80 亿、100 亿、160 亿美元大关；对外直接投资规模从有统计以来的 2004 年 1.57 亿美元，扩大到 2016 年 155.74 亿美元。外资企业成为北京经济社会发展的重要力量，为北京贡献了近 40% 的工业总产值、1/4 的发明专利数、

1/3 以上的市财税收入和 12.4%的城镇人口就业。2018 年，北京市累计认定跨国公司地区总部 179 家，一批跨国公司总部在京设立研发中心、结算中心等高端功能机构。[①] 据商务部官方微博消息称，2018 年，北京实际利用外资 167.4 亿美元，剔除不可比因素，同比增长近 40%，占内地实际利用外资总量的 12.4%。与此同时，北京在“一带一路”沿线国家和地区投资势头强劲，同比增长 45%。2019 年 6 月，北京市人民政府又发布了《北京市人民政府关于扩大对外开放提高利用外资水平的意见》，提出“进一步扩大对外开放，放宽市场准入，优化营商环境，不断提升利用外资水平”。具体内容包括优化外资利用结构（支持跨国公司地区总部在京发展、鼓励外商投资企业在京开展研发创新、鼓励外商投资高精尖产业、提升重点区域利用外资水平），打造良好营商环境（简化外商投资企业办事流程、加强知识产权保护、创新企业监管方式、提升外商投资服务水平、建立营商环境评价机制），提升对外籍人才的服务水平（便利外籍人才出入境、支持外籍人才在京发展、提升外籍人才社保服务水平、优化外籍人才生活服务）等，着力打造更优越的外商投资环境。

《中华人民共和国外商投资法》第十八条规定：“县级以上地方人民政府可以根据法律、行政法规、地方性法规的规定，在法定权限内制定外商投资促进和便利化政策措施”。结合外商投资法 2020 年实施的契机，北京要在外商投资法及其配套法规的框架下，充分考虑本地的特色和发展需求，进一步构建透明、公平、便利、安全的地方外资管理制度。在条件成熟时，出台本市的外商投资条例。

① 《北京外商投资企业达 4 万余家　实际利用外资 1600 多亿美元》，中国新闻网，http://www.chinanews.com/cj/2019/09-12/8955249.shtml，最后访问日期：2019 年 10 月 20 日。

关于北京地方性外资管理制度，有以下三点具体建议。

1. 注重本地迫切的环保需求，将其在外资管理制度中体现出来

治理大气污染、加强环境保护是北京的重要发展战略，北京的外资管理制度也必须符合这一可持续发展的宗旨。在这方面，可以参考其他省（区、市）的经验。比如，为了“海南生态环境质量只能变好，不能变差”，海南省发展和改革委员会2019年9月印发了《海南省产业准入禁止限制目录（2019年版）》，建立产业准入负面清单制度，全面禁止高能耗、高污染、高排放产业和低端制造业发展。[①]

根据新的外商投资法，我国在市场准入方面将全面采用准入前国民待遇加负面清单模式，负面清单以外的行业、领域等，各类市场主体皆可依法平等进入。一张科学且规范的清单是贯彻实施外商投资法的必备要件。目前我国已经将所有行业、领域的负面清单全部纳入全国负面清单进行统一管理，但是我国地区发展差异较大，各地区在资源要素禀赋、主体功能定位等方面有很大不同，为增强市场准入负面清单的操作性和针对性，允许省级人民政府在全国统一的市场准入负面清单基础上，根据本地区资源要素禀赋、主体功能定位、产业比较优势、生态环境影响等因素，提出调整市场准入负面清单的建议，报国务院批准后实施。[②] 为此目的，在《市场准入负面清单2018版》中，专门增设了“地方性许可措施”栏目。北京市应充分考虑北京作为首都的功能定位和发展战略，考虑本地迫切的环保需求，把节能降耗、生态环保等评价作为引进、选

① 《海南省发展和改革委员会关于印发〈海南省产业准入禁止限制目录（2019年版）〉的通知》，http：//www.hainan.gov.cn/sfgw/0400/201909/92e94bc2d2324268bd5bf23c797ed6db.shtml，最后访问日期：2019年10月19日。

② 《发改委：市场准入负面清单2018版专门增设“地方性许可措施”》，凤凰网，https：//finance.ifeng.com/c/7iv1UNLxXlx，最后访问日期：2019年10月18日。

择外资的主要依据，依法制定地方性许可措施，以引导外资企业走适合北京发展方向的环保之路。按照国家发改委的说明，这些地方性措施必须由省级人民政府根据与《中华人民共和国立法法》和《中华人民共和国行政许可法》相关的立法程序制定，并且符合清单定位。

2. 建立适当的外资退出机制

外资进入东道国（资本输入国）并运营一段时间后，投资者可能出于商业性的考虑而主动将部分或者全部投资转移出东道国，也可能因为东道国采取国有化或类似措施，而被动地将部分或者全部投资转移出东道国。外资退出意味着外资经营的终结，对于投资者与东道国都会产生较大影响，特别是外资的主动退出，可能对东道国产生较大的负面影响。一方面，必然会在一定程度上减少东道国的就业；另一方面，也会因乘数效应[①]影响其消费、投资、税收和进口等各个方面，甚至对东道国其他产业发展产生影响。

《中华人民共和国外商投资法草案》第二十条规定："国家对外国投资者的投资不实行征收；在特殊情况下，国家为了公共利益的需要，可以依照法律规定对外国投资者的投资实行征收或者征用，征收、征用应当依照法定程序进行，并及时给予公平、合理的补偿。"这表明了我国对征收和类似措施采取非常谨慎的态度，可以增强外资的安全感，有助于其在我国长期发展。但外资退出的原因是复杂多样的，除了东道国的政策外，世界经济形势、国际竞争环境等都会对其产生影响。

我们也要认识到，在高度开放的经济环境下，资本的跨国流动

① 李垣、陈金贤、刘益：《我国吸收直接外资的乘数效应分析》，《数量经济技术经济研究》1991 年第 2 期。

是非常普遍的现象，应当正常对待外资的“来”和“走”。完善的外资法律体系，不但要有准入制度、促进和保护制度，也需要有退出制度。建立有序的退出机制，对于需要退出的外资企业来说，有明确的政策法规、简单的法律流程、公开透明的操作机制和退出机制可以让企业更放心地“来”。

北京应当结合本地外资的实际情况，制定符合地方特色的外资退出机制。首先，要有劳动者保护机制，解决退出时的补偿措施和后续的培训、再就业等问题。其次，始终坚持注重环境保护的原则，在退出机制中也要有环保评价环节，为优化和改进后续外资的引入和监管流程提供依据。

3. 建立适当的安全审查制度

对外商投资进行安全审查是各国的通行做法，但对于国家安全的定义和范围一直存在争议，并且好像已经渐渐成为贸易保护主义的借口。因此，如何建立外商投资的安全审查制度，既要积极维护全球多边贸易自由体系，又要对国家安全提供制度保障，需要进一步进行思考。2020 年 1 月 1 日起实施的《中华人民共和国外商投资法》第三十五条规定：“国家建立外商投资安全审查制度，对影响或者可能影响国家安全的外商投资进行安全审查。”依法做出的安全审查决定为最终决定，这是我国目前进行外资安全审查的主要依据。这是一条原则性的规定，仅在法律的层面上确定了外资安全审查制度的合法性，需要后续的配套规定予以明确，也需要地方性法规和相关措施的跟进。

外商投资法的颁布标志着中国正在实现高水平的投资自由化与便利化，目前我国对外开放的范围和深度都超过以往，特别是负面清单准入模式的实施，意味着对新的未知的行业的开放承诺，风险防范与安全必须受到重视。但是从现状来看，我国的外资安全审查还存在重复审查、审查主体权限不清、透明度不足的问题。[①] 北京作为我国的首都，其安全稳定更是重中之重。在提升外资利用水平的同时，需要制定相应的地方性法规，在法律的原则规定之下，结合北京的具体需求，就外资安全审查机制的运行模式、审查范围、决策方式、监督机制等问题，做出明确具体的规定，未雨绸缪，有效抵御可能出现的外资风险。

① 常云霞：《我国外资“国家安全”审查制度完善路径》，《法制与社会》2019年第20期。

充分发挥首都外语类高校作用，设立外国法查明中心

杨　帅

随着改革开放的不断深入和发展，国力的不断增强，我国参与全球治理的意愿、主张和行动都在不断凸显。十九大报告中提出的积极参与全球治理体系的改革和建设，构建人类命运共同体[①]以及我国倡导并得到全球关注的“一带一路”倡议，是我国塑造“负责任大国”形象和参与“全球治理”的主张和具体行动。2014年《中共中央关于全面推进依法治国若干重大问题的决定》明确指出：“适应对外开放不断深化，完善涉外法律法规体系，促进构建开放型经济新体制。积极参与国际规则制定，推动依法处理涉外经济、社会事务，增强我国在国际法律事务中的话语权和影响力，运用法律手段维护我国主权、安全、发展利益。”可见，推动大国司法的不断深入和完善，增强我国国际法律话语权，已成为我国负责任大国形象树立的司法保障和参与全球治理的实际需要。

北京作为首善之都，更应该发挥法院涉外方面的重要作用，树

① 《中国特色大国外交要推动构建新型国际关系，推动构建人类命运共同体》，人民网，http：//world.people.com.cn/n1/2017/1025/c1002－29608758.html，最后访问日期：2019年7月1日。

立北京良好的法治形象，营造良好的营商环境，积极推动北京建设成为国际民商事纠纷解决中心。鉴此，下文以我国不可避免地越来越深入参与国际社会治理为背景，将对国内法院参与全球治理能动性的研究，置于推动与大国地位相称的大国司法理念、机制的形成和完善的角度下，分析大国司法的要素以及国内法院参与全球治理能动性的内涵与特点，论证国内法院参与全球治理能动性对大国司法的形成，增强我国国际法律话语权，推动国际法治社会的建设，提高国际法发展的重要价值和作用，并最终提出完善建议。

一　大国司法的概念和要素

主权平等原则是国际法的基本原则之一。主权平等，意味着国家不论大小、强弱，其在国际法及国际社会中，都是平等的，但主权平等并不意味着责任平等。一般来说，一国在世界经济、政治中所占比重和影响越大，那么责任也越大。地大物博、人口众多、历史悠久、经济日益强大的中国，毫无疑问是一个大国。随着国力的强大和参与国际事务的不断深入，中国对“负责任大国”的国家身份也做出了明确表达：“中国作为一个和平、合作、负责任大国的形象日益突出，国际地位和影响进一步提高。”① “中国的主张和行动得到国际社会越来越多的理解和支持，中国负责任的大国作用日益受到众多国家的赞扬和肯定。”② 习近平总书记在党的十九大报告中更是开宗明义指出，中国将继续发挥负责任大国作用，积极参与全球治理体系改革和建设，不断贡献中国智慧和力量。③ 可以看

① 中华人民共和国外交部政策研究室编《中国外交》，世界知识出版社，1999，第4页。

② 中华人民共和国外交部政策研究室编《中国外交》，世界知识出版社，2001，第4页。

③ 习近平：《决胜全面建成小康社会夺取新时代中国特色社会主义伟大胜利》，《人民日报》2017年10月19日。

出，中国负责任大国形象已经树立并在国际社会中得到广泛认可，但这也需要与之相称的大国司法提供的支撑和保障，使我国在全球治理中持续发挥重要作用，推动人类命运共同体的构建。

大国司法是指与负责任大国相称的司法理念、制度、体系等的总称。大国司法包含诸多内容，在国内方面，应该形成具有自身特色的完善的法律体系和制度，在国际方面，能够在遵守和运用国际法的基础上，积极发展国际法，形成自己的国际法律话语权，推动国际法治社会的建立。大国司法不管内容如何，其核心要素应体现在包容性、公开透明性以及能动性上。包容性是指尊重国际法及其他国家法律制度、尊重当事人意思自治，能够对国际法治成果和其他法律文明兼收并蓄。公开透明性是指司法过程的公开和透明，尤其在涉外案件方面能积极主动适用国际法、外国法，使我国司法在处理涉外案件时，对国际社会及当事人而言，具有可预期性和稳定性。大国司法的能动性，首先体现在竞争性上，要积极维护国家和公民的合法权益，加强国际法律话语权；其次体现在竞争性上的合作性，推动全球治理和国家合作，形成国际法治社会，构建人类命运共同体。大国司法的上述要素之间也是互相联系、密不可分的。目前我国司法实践的现状，尤其是国内法院在处理涉外事务方面，已与经济发展状况、参与或主导国际事务的能力不相符，没有对我国在国际社会中树立的负责任大国形象做出及时的司法回应，也就更谈不上大国司法对负责任大国形象的支撑和保障作用。北京作为首都，更应该发挥先锋模范作用，在提高法治水平、优化营商环境等方面起到引领作用，为我国树立负责任大国形象、参与全球治理发挥重要的积极作用。

二　国内法院参与全球治理能动性的内涵

如上文所述，在国际社会中，我国已是一个负责任的大国，这就需要有大国司法来予以支持和保障。大国司法的形成路径有很多，但加强国内法院参与全球治理的能动性是一个重要的进路。国内法院参与全球治理的能动性，是指在中国和平崛起并成为负责任大国的背景下，国内法院基于其功能和价值，在参与全球治理方面积极的、有选择的行为和反应。

在国内社会，法院功能不是单一地被划分为纠纷解决、社会控制、规则确立与权力制约四大方面，强调了法院的能动性。[①] 这些可以统称为法院的国内司法权。国内法院在国际社会中的功能体现，也不是单一的，主要包含以下几个方面的内容：一是法院对国际法的适用；二是法院对外国法的查明和适用；三是法院对涉外案件的管辖。上述三个方面集中体现了法院的外向型功能，也就是国内法院能够与国际社会和其他国家有效联结，参与全球治理，为中国负责任大国形象的树立提供司法支持和保障所在。国内法院上述职权的行使，对国际法治社会产生了实质性的影响，所以这些可以统称为国内法院的国际司法权。国内司法权和国际司法权是国内法院职权的两个不同方面，而且随着国内司法权的不断成熟和完善，国际司法权将会越来越成为国内法院的重要价值所在。国际司法权就是国内法院参与全球治理的主要形式和手段。

国际法是国际社会认可的有法律拘束力的规则的表现。大国应该对国际法予以充分的尊重，因为这样做意味着对国际社会公认的原则和规则的遵守，这也是一个大国所应该具有的大国司法理念的题中应有之义。一国对国际法的遵守，在很大程度上依靠国家的自觉履行。国家的自觉履行，在国际社会中，体现在国家参与国际事

① 卢荣荣：《法院的多重面孔：中国法院功能研究》，博士学位论文，西南政法大学，2012，第 26 页。

务时要把国际法作为法律依据，在国内社会，体现在要把国际法基本原则、国际习惯和承担的条约义务予以实施和体现。大国司法理应对国际社会公认的国际法原则、习惯等予以尊重和执行，并对与国际法不符的国内法予以调整和完善，这是大国司法的基本要求。“很难想象一个号称大国的司法制度对符合市场经济规律和国际经济交往准则的国际法原则与规则毫无反应，或者仅仅根据自身利益选择性接受，或者不愿意根据国际法规则的发展对其国内法进行及时的调整。”[①] 大国对国际法的形成具有重要的影响，一般来说，国际法是大国之间协商的结果，大国对国际法的态度更能决定国际法的发展。国内法院作为一国国内的审判机关，其对国际法适用的表现，直接体现了一国对国际法的态度。如果一国国内法院能够重视国际法在案件中的适用，尊重国际法，并通过对国际法的适用，履行国际义务，形成自己的国际法律话语权，影响和积极促进国际法的发展，那么该国国内法院就充分发挥了国际司法权，并且也参与到全球治理过程之中。所以说，对国内法院而言，加强对国际法的适用，既是参与全球治理的主要方式，也是体现大国履行国际法、尊重国际法并积极促进国际法发展的重要表现。

尊重国际法，也需要加强国内法院对外国法的查明和适用，这也同样是大国司法理念的体现和要求。随着全球一体化的不断深入和跨国经济往来的密切，一国及企业、个人所涉及的与他国公司、个人之间的涉外争端也越来越多，当事人之间的意思自治倾向也越来越明显。意思自治的一个表现就是对案件所涉及的准据法的选择，这就牵涉一个外国法的查明和适用问题。国内法院对涉外案件中当事人依据意思自治所选择的外国法的适用，体现了一个大国对

① 刘敬东：《大国司法：中国国际民事诉讼制度之重构》，《法学》2016 年第 7 期。

其他国家法律的尊重，更体现一个大国开放、包容、自信的司法理念。国内法院加强适用外国法审理案件的能动性，既可以提升我国司法专业化水平，增强司法判例的公信力，也可以加强与这些国家在法律方面的交流和沟通，逐步提升我国在国家间和国际社会中公平、公正、公开的司法形象，从而增强我国国际法律话语权和影响力。北京作为首都，力争成为国际争端解决中心，这就更需要尊重国际法、运用国际法、维护国际法、发展国际法，同时也要加强对其他国家法律的查明和适用，增强法院解决涉外争端的权威性和吸引力。

三　外国法查明和适用的现状和不足

基于当事人选择或冲突规范的指引，国内法院查明并适用外国法律，既是对当事人意思自治原则的尊重，也是对他国法律的尊重，体现了大国司法的包容性和开放性。对外国法查明和适用的法律规定，主要体现在《中华人民共和国涉外民事关系法律适用法》及相关司法解释中。[①] 上述规定表达较意思自治原则，缺少实施细则，再加上法院对此

① 《涉外民事关系法律适用法》第十条规定："涉外民事关系适用的外国法律，由人民法院、仲裁机构或者行政机关查明。当事人选择适用外国法律的，应当提供该国法律。"民法通则司法解释第一百九十三条第一款规定人民法院查明外国法的5种途径：由当事人提供、由与我国订立司法协助协定的缔约对方的中央机关提供、由我国驻该国使领馆提供、由该国驻我国使馆提供、由中外法律专家提供。第二款"通过以上途径仍不能查明的，适用中华人民共和国法律"。《最高人民法院关于适用〈中华人民共和国涉外民事关系法律适用法〉若干问题的解释（一）》（下称司法解释）第十七条第一款规定："人民法院通过由当事人提供、已对中华人民共和国生效的国际条约规定的途径、中外法律专家提供等合理途径仍不能获得外国法律的，可以认定为不能查明外国法律。"司法解释第十七条第二款规定："根据涉外民事关系法律适用法第十条第一款的规定，当事人应当提供外国法律，其在人民法院指定的合理期限内无正当理由未提供该外国法律的，可以认定为不能查明外国法律。"司法解释第十八条规定："人民法院应当听取各方当事人对应当适用的外国法律的内容及其理解与适用的意见，当事人对该外国法律的内容及其理解与适用均无异议的，人民法院可以予以确认；当事人有异议的，由人民法院审查认定。"

重视程度普遍不高，法官倾向于选择国内法，导致实践中“外国法无法查明”而被任意滥用的情形时有发生。有学者对全国各高级人民法院自《中华人民共和国涉外民事关系法律适用法》实施以来的涉外民商事案件进行统计发现：截至 2017 年 6 月，所受理的涉外民商事案件中，适用本国法的案件占整个涉外案件总数的比例高达 97.7%，其中在双方合意选择域外法作为准据法的情况下，法院因各种原因排除域外法的适用，最终适用法院地法的比例达 80%。[①] 在类似的司法判决中，法院大多以当事人未提供约定适用的法律，法院也无法查明为理由适用了中国法律。[②] 可以看出，排除外国法的适用，最主要的原因在于无法查明外国法，而无法查明外国法的主要责任由当事人进行承担，而非将其视为法院或法官应该承担的责任。与当事人相比，在查明外国法方面，法院显然具有较大的资源优势。当事人无法提供外国法，并不意味着外国法就无法查明。法院作为国家机关，掌握着比当事人丰富得多的司法资源，应当穷尽外国法查明的途径，而不能因为当事人无法在规定的时间内提供相应法律，就认为外国法无法查明。就当今社会及技术发展水平而言，如果法院穷尽查明途径，应该不存在无法查明的情况。

---

① 孟新军、张飞律：《“一带一路”背景下大国司法理念的法理审思——以国际私法当事人意思自主原则为视角》，载胡云腾主编《法院改革与民商事审判问题研究：全国法院第 29 届学术讨论会获奖论文集》（下），人民法院出版社，2018。

② 中华人民共和国上海海事法院审理的“德国再建设银行诉阿拉伯联合酋长国阿布达比集装箱航运公司船舶抵押贷款合同欠款纠纷案”中，上海海事法院认为：该案“贷款协议”的争议应适用英国法律，对抵押合同的审理应适用阿布达比酋长国和阿拉伯联合酋长国法律。但由于当事人未提供该约定适用的法律，法院也不能查明，所以可适用我国法律审理该案。中华人民共和国宁波海事法院作出的“新加坡 ASP 船舶管理有限公司与朝鲜 Koryo 航运公司船舶买卖代理合同纠纷案”民事判决书显示，该案应同时适用英国法和朝鲜法。朝鲜法律经当事人提供获得了宁波海事法院的确定，但是对于英国法的查明问题，宁波海事法院认为：对该欠款，本应按主合同约定适用英国法，但由于双方未予主张和提供，也未有任何其他途径可查明英国法，故应就此适用中华人民共和国的法律。

我们也注意到，在司法实践中，也有一些个案的处理，显示了国内法院在查明外国法方面承担了更主动的角色，积极发挥能动性，从而使外国法得到了正确的适用。[①] 但遗憾的是，这只是个案的具体表现，而非普遍现象。事实上，国内法院和法官因人少案多的压力、对外国法适用的不熟悉而担忧能否像国内法适用一样驾轻就熟，导致法院和法官是不愿意承担这一责任的，甚至会主动回避这一责任的承担。因为查明和适用外国法对法官能力提出了更高的要求，要求法官具有良好的外文阅读能力、国际法思维、对世界主要法系的了解和熟悉等。单就某一法院某一案件来看，回避外国法的查明和适用，只是对个案的影响，但将国内法院视为一个整体，将其置于中国负责任大国形象的树立和深度参与全球治理的大背景下，这种消极回避式的做法，就显现明显的不足和缺陷。国内法院在应该适用外国法的情况下仅仅因为法院不愿承担相应责任导致无法查明，这对大国司法的先进性、包容性、能动性都是一种侵蚀。

---

① “美国商翔国际有限公司诉中国南车集团株洲电力机车厂、湖南进出口集团公司中邦分公司合同纠纷案”法院一审认为，协议虽然约定了适用美国田纳西州法律，被告也提交了美国乔治·W. 堪尼的专家证词，证词中引用了田纳西州法律条款及判例，但该法律条款及判例并不完整，况且被告机车厂在举证期限内以及法庭延长的 15 天合理期限内均未能向法庭提供该专家证词的公证、认证手续，故本案属于域外法不能查明的情况，被告机车厂以“专家证词”为由要求适用美国法的主张，法院不予支持。二审判决对此予以改判并认为：“本案中三方当事人基于真实意思表示约定适用美国田纳西州的法律，该约定合法有效。对于田纳西州法律的查明责任，法院认为，查明法律不是一方当事人的举证义务，而是双方当事人的责任，同时也是人民法院的责任，原审法院将查明法律的责任交由机车厂一方承担有失公正。上诉人机车厂提供了美国田纳西州的法律，有关专家就田纳西州法律关于限制竞争的证词已经中国驻美大使馆认证，程序合法，并已提交法院，法院对有关专家证词的真实性予以认可。商翔公司有义务提交田纳西州的法律，但在法院通知的举证期限内未提交。我院根据掌握的资料，已查明田纳西州的法律，同时查明美国的谢尔曼反托拉斯法和克莱顿反托拉斯法是适用于美国联邦各州的反垄断与反限制竞争法，该法是联邦法，田纳西州作为联邦的一个州，该法同样适用。故在美国田纳西州的法律已经查明的情况下，本案应当适用美国田纳西州的法律。”

四 完善国内法院参与全球治理能动性的建议

（一）加强顶层设计，强化国内法院参与全球治理的能动性

国内法院具有国内司法权和国际司法权这两方面的权能，而且国际司法权在国际上会起到越来越重要的作用。但就目前而言，我国国内法院主要着眼于处理国内事务，较少涉及外向型的对外事务。这一现象的出现，是综合因素的结果，但不可否认，国内法院过多专注国内事务的处理，忽视国际司法权的功能，与我国大国形象建立并逐步开始参与、主导国际事务的国家战略是不相符的，也不能在这个过程中有效发挥大国司法的支持和保障作用。对于这个问题的解决方法，根据我国社会主义的具体国情，顶层设计就显得特别重要。缺乏有效的顶层设计，国内法院参与全球治理只能是偶发式、碎片化的被动行为，而非基于大国司法的考虑，系统发挥国内法院参与全球治理的能动性。

顶层设计，具体而言，要重视法院作为一个整体参与全球治理的价值和意义，在法院适用国际法、外国法的查明和适用以及涉外案件管辖和审判等方面，从立法、制度安排以及配套措施上予以支持和保障，充分发挥国内法院的国际司法权，为大国司法的形成和完善起到积极的推动和促进作用。2018 年 10 月 26 日，十三届全国人大常委会第六次会议做出了《关于专利等知识产权案件诉讼程序若干问题的决定》，中央批准设立最高人民法院知识产权法庭。“最高人民法院知识产权法庭建立伊始，标志着中国已经加入了与欧美发达国家争夺全球知识产权纠纷案件司法权的大国竞争俱乐部。”①

① 在美国，联邦巡回上诉法院前院长、首席大法官雷德先生直言中国知识产权司法的优势，他认为，中国知识产权司法与美国相比，具有两大明显优势，一是美国司法中困扰当事人的冗长的诉讼程序，据介绍，在美国，一个专利诉讼案件，通常需要（转下页注）

全国人大常委会作出设立最高人民法院知识产权法庭的重大决策，就是加强顶层设计的最好体现。在这种情况下，中国国内法院在涉外知识产权审判方面已经具有了较强的竞争力，为大国司法的形成起到了积极的推动和促进作用。2019 年 7 月 2 日，海牙国际私法会议第 22 届外交大会上，完成对《承认与执行外国民商事判决公约》（下称《公约》）谈判，中国代表团和其他各国代表对文本进行了签署确认。在《公约》谈判过程中，中国代表团建设性地参与公约谈判，积极引领规则制定，多项建议案文获得大会通过，并在一些重大问题上贡献了中国方案和中国智慧，并获得各方接受，对《公约》谈判的顺利完成起到了积极推动作用。[①] 很难想象，如果中国没有参与或引领此次谈判，要么被动接受其他国家间形成的方案，要么不参与，这都会对中国产生不利影响，增加了中国与国际统一规则发生冲突的可能性，也使中国利益难以在国际社会得到保障，更遑论参与全球治理，推动建立国际法治社会。

上述这些决定文件和参与谈判事件，都是在国家层面的某些方面或领域重视国内法院参与全球治理的具体体现。为应对新的国际形势和我国深度参与全球治理的需要，充分发挥国内法院参与全球治理的能动性，越来越多的在国家层面的重视和顶层设计也就必不可少。此外，最高人民法院鉴于其地位和作用，应该在国内法院参与全球治理方面起着重要的引领作用。时任最高人民

（接上页注①）5~7 年才有结果，拖不起。二是不堪重负的高昂诉讼费用，难以承受。雷德近年来一直在呼吁：有专利纠纷的外国公司最好到中国打官司，一是结案快，二是诉讼省钱。参见刘春田《知识产权司法的大国重器》，《法律适用》2019 年第 3 期，第 23~24 页。

① 将反垄断事项全部纳入、全部排除、部分纳入公约适用范围，三种观点在反垄断（竞争）事项的排除适用问题上竞争激烈，陷入僵局。中国代表团协调斡旋，提供中国方案并获各方接受，对公约签署做出重要贡献。中国贡献还体现在提出“促进以规则为基础的多边贸易和投资”、“创设一套统一的核心规则”以及“外国判决的全球流通”的提议和概念。

法院副院长贺荣指出，要充分发挥司法职能作用积极参与国际规则的制定，这其中就包括法院在司法审判中根据国际法的最新发展形势，基于国家大局需求，利用相关案件的审理和判决宣示中国的立场，影响相关国际习惯、国际法基本原则和规则的形成。[①]这充分体现了最高人民法院在法院系统内对国内法院参与全球治理的重视和认可，但也需要形成一系列完善的机制予以强化和实施。

（二）加大国内法院适用国际法的力度，培养法官的国际法思维和运用能力

最高人民法院于2015年7月7日出台了《最高人民法院关于人民法院为“一带一路”建设提供司法服务和保障的若干意见》，要求依法准确适用国际条约和国际惯例，准确查明和适用外国法律，增强裁判的国际公信力。[②]中共中央办公厅、国务院办公厅在2018年6月印发的《关于建立“一带一路”国际商事争端解决机制和机构的意见》中，将国际条约的适用作为构建“一带一路”国际商事解决机制的一个重要事项。[③]由此可见，加强国内法院对国际法的适用，对于我国深度参与全球治理的价值，已成为共识。“从逻辑推演的维度上看，国际法不仅有利于国家在国际关系中掌控实际的资源与利益，而且有助于国家确立和强化其合法性，减轻其在发展进程中遇到的阻力，拓展其在国际社会的认可与支持

① 贺荣：《论中国司法参与国际经济规则的制定》，《国际法研究》2016年第1期。

② 《自觉担当使命 营造优质司法环境——人民法院服务保障“一带一路”建设工作综述》，中国法院网，https://www.chinacourt.org/article/detail/2018/03/id/3218185.shtml，最后访问日期：2019年8月1日。

③ 《中共中央办公厅、国务院办公厅印发〈关于建立“一带一路”国际商事争端解决机制和机构的意见〉》，中华人民共和国中央人民政府网，http://www.gov.cn/zhengce/2018-06/27/content_5301657.htm，最后访问日期：2019年8月1日。

度。”[①] 所以加强国内法院适用国际法的能动性，不仅是遵守国际法、履行条约义务的需要，而且重要的是从维护我国国家权益、深度参与全球治理的高度上，把司法机关作为一个整体，积极发挥参与全球治理的重要作用，加大国际法适用力度，影响和促进国际法的发展。

加大国内法院适用国际法的力度，既要在顶层设计上重新予以构建，也要在具体措施上改进和完善。这其中，培养法官的国际法思维和运用能力就至关重要。如果说国内法院法官都具有国际法背景，那么毫无疑问，国内法院适用国际法的力度会大大增强。所以说，法院系统应该注重具有国际法背景人才的吸收和培养，为国际法的适用打下良好的人才基础。在此基础之上，也应做好相关配套措施的完善，充分调动国内法院和法官适用国际法的积极性，充分发挥国内法院适用国际法的能动性。

（三）完善外国法查明和适用机制

外国法的查明和适用对我国国内法院参与全球治理的重要性，上文已经论述，在此就不再赘述。目前我国国内法院在查明和适用外国法的能动性上是不足的，或者说是缺失的。其中最突出的表现就是，在涉外民事案件处理中，应该适用外国法而最终适用了法院地方法。研究目前已知的司法判例可以看出，国内法院排除外国法适用的最主要原因就是外国法无法查明，而无法查明正是法院能动性缺失的体现。[②] 截至 2016 年 4 月，中国已与 67 个国家缔结刑事、民事司法协助条约、引渡条约和打击“三股势力”协定共 121 项，最高人民法院已与近 130 个国家的司法机构以及 20 个国际或区域

① 何志鹏：《国际法与大国崛起》，《吉林大学社会科学学报》2017 年第 1 期。

② 在轩辉公司与南美公司运输合同纠纷等案中，裁判文书述“双方未提供英国法律”而适用中国法。

性组织建立了友好交往关系，与25个国家的最高司法机构签署了司法合作谅解备忘录。[①] 可以看出，如果法院积极行使能动性是可以查明外国法的，正是因为存在一定的消极行为，一些本该适用外国法的案件没有得到适用。

就我国目前审判情况而言，当事人选择外国法而法院最终适用我国法律的案件数量仍占多数。这其中最主要的原因一是缺乏顶层设计，没有准确认识到法院作为一个整体，加强对外国法的查明和适用，对我国参与全球治理具有重要作用，导致法院在这方面的能动性不足。二是目前的外国法查明机制存在问题，导致查明困难而无法适用，有违当事人意思自治原则，也使判决的公正性受到影响。要想解决这一问题，最主要的就是重视外国法查明和适用的重要价值，充分发挥法院在这方面的能动性。在查明外国法的责任分配上，国际上主要存在“事实说”、“法律说”和“折中说”三种不同的主张，查明外国法内容的责任因此在不同国家分别由当事人承担、法官承担或双方共同承担。[②] 实际上，大多数国家对外国法的查明要求较低，除官方途径之外，专家证人证言、教科书、外国法翻译本、外国法判令、学术著作等都可以作为外国法查明的途径或证明，并且规定了外国法查明的程序及外国法查明错误的救济程序。对我国法院而言，除继续依靠官方途径查询之外，还应该降低查询标准，积极扩大多元化查询途径。国内法院可以与法学院校、研究机构以及法学专家进行合作，建立合作基地，这样既充分调动

① 《最高法：我国已与67个国家缔结司法协助条约》，新浪新闻，http：//finance. sina. com. cn/sf/news/2016-05-05/164929325. html，最后访问日期：2019年7月4日。

② 肖永平：《论英美法系国家判例法的查明和适用》，《中国法学》2006年第5期。

了法学研究机构和专家的力量，又为外国法的查明提供了便利。[①]此外，还应重视相关数据库的建立，逐步完善外国法查明的相关法律数据，利用大数据平台提高外国法查明的便利性。

北京作为首都，作为国际交往中心，更应该树立良好的法治形象，尊重其他国家的法律制度。这其中，对外国法的查明是基础性的工作。北京第二外国语学院作为一所语言类大学，具有天然的语言优势，再加上法学专业的力量，在外国法查明方面，就具有得天独厚的优势条件。我们应该主动与北京市有关部门对接，设立外国法查明中心，为北京对外交往提供司法支持和保障。这样既有利于提升北京作为首都在国际社会中的良好形象，增强北京作为国际交往中心的吸引力，也能为我国负责任大国形象的树立和参与全球治理、加强国际法律话语权贡献重要的力量。总之，我们应该加强国内法院参与全球治理的能动性，将我国司法建设的经验、规律和原则，融入国际社会和国际事务之中，推动国际法治社会的形成和完善，为我国负责任大国形象的树立提供司法支持和保障，共同构建人类命运共同体，为建设一个“持久和平、普遍安全、共同繁荣、开放包容、清洁美丽的世界”而努力。

① 目前法院已有相关实践。最高人民法院与中国政法大学建立外国法查明研究中心，西南政法大学中国—东盟法律研究中心成立，同样担负起查明东盟法律的重任。华东政法大学外国法查明研究中心，承担着为上海、长三角地区乃至全国的涉外审判、仲裁实践、实务部门等提供高质量的外国法查明、涉外司法实践等服务。

北京外籍人员违法与犯罪排查、管理程序现状研判

韩　阳

随着中国经济的发展，近年来，大量外国人涌入中国“淘金”，而北京的经济快速扩张也意味着在京外国人数量的增加，据了解，目前在北京的外国人有20万~30万人，占全市总人口数量的1%，[①]他们主要是永久居住、商务、来访、旅游等人群。和伦敦、纽约等国际城市的外国人比例相比，北京的外国人数量、比例仍偏低。比如，纽约作为国际化大都市，拥有来自世界上180多个国家的移民，外籍人口数量约占36%。在伦敦，欧盟以外的人口根据有关统计约占总人口的1/5。[②] 可见，一个城市的外国人口比例是衡量该城市是否为国际型大都市的一个重要指标，北京要构建国际大都市，需要大量引入外籍人才。但是在这个过程中，很多低素质外籍人员也随之大量涌入，给首都带来诸多不安定的因素。比如，早在2012年，北京市公安部门就开展过清查非法入境、非法居留、非法就业的“三非”外国人的“百日行动”，引来舆论关注。根据公安

① 黄荣清：《北京的外国人数量研究》，《北京社会科学》2010年第2期。

② 陆晶、王慧：《在京外籍流动人口社会融入管理新探》，《中国人民公安大学学报》（社会科学版）2018年第4期。

部历年统计，外国人入境出境人数居前三位的口岸为上海浦东机场口岸、北京首都机场口岸及深圳罗湖口岸。上海、北京、广东等外贸发达地区，也正是来华外国人违法、犯罪的相对高发地区。①

目前北京的公安机关以及相关执法部门在处理在京外籍人员违法犯罪问题时，与其他地区一样面临诸多困境。由于涉及外籍人员，这些现存的问题如果不能得到有效解决，将大大影响北京作为一个国际大都市应有的对外形象。

一 表面上的现存问题

总的来说，北京对行政违法及犯罪外籍人员的排查、管理、处罚乃至刑事追诉程序的展开从现象上来看存在以下几个主要困境。

（一）信息排查困难

目前，我国外国人管理体制是以公安部和外交部为主管机关，以教育、劳动和社会保障、商务、工商、旅游、民政等部门为辅助管理机构，分别就不同的事务进行管理。这种多部门、多机构及中央与地方共同管理的模式，导致不同部门、不同机构之间缺乏沟通协调机制，信息无法及时共享，不仅难以对外国人出入境管理工作形成有效的支持，而且造成了外国人管控工作中的“边界真空”问题。例如，外国人入境签证由驻外使领馆核发，但由于缺少沟通和协调，相关数据不能传递给国内管理机关，入关后国内各机构又互不沟通，出关时各地区也互不通报，出现了“内外衔接真空”。②

过去，来华入境的外国人员主要会遇到三个部门：一是我国驻外使领馆（在境外为其发放来华签证）；二是我国各边检总站、边

① 《北京清查三非外国人　专家称在华老外无特殊待遇》，搜狐新闻，http：//news.sohu.com/20120523/n343843194.shtml，最后访问日期：2019 年 7 月 15 日。

② 黄荣清：《北京的外国人数量研究》，《北京社会科学》2010 年第 2 期。

防口岸（出入境时，在其出入境证件上加盖出入境验讫章）；三是我国各省（区、市）公安厅、局出入境管理部门（为合法外国人员办理境内签证延期，处理违法外国人员）。过去由于多头管理，管理不统一，相关部门审查、把关不严，国内大量违法外籍人员在华居住、停留，公安出入境管理部门的人手也有限，很难清除不断增加的“三非”人员。

近年来，随着公安部向我国驻外使领馆大量派驻签证审查官，以及成立国家移民局等多个措施并举，外籍人员在华违法情况有所好转，但没有得到本质上的扭转。原因之一还是深度信息获取不足。

（二）对外国人的行政拘留程序复杂

目前针对外国人进行行政拘留的时候，主要依据的是《公安机关办理行政案件程序规定》，但该规定对于涉外行政案件的办理只有短短几条，远远不足以应对现实中办案人员遇到的复杂问题。比如，第二百三十九条规定：“对外国人国籍的确认，以其入境时有效证件上所表明的国籍为准；国籍有疑问或者国籍不明的，由公安机关出入境管理部门协助查明。对无法查明国籍、身份不明的外国人，按照其自报的国籍或者无国籍人对待。”

第二百五十四条规定：“对外国人作出行政拘留、拘留审查或者其他限制人身自由以及限制活动范围的决定后，决定机关应当在四十八小时内将外国人的姓名、性别、入境时间、护照或者其他身份证件号码，案件发生的时间、地点及有关情况，违法的主要事实，已采取的措施及其法律依据等情况报告省级公安机关；省级公安机关应当在规定期限内，将有关情况通知该外国人所属国家的驻华使馆、领馆，并通报同级人民政府外事部门。当事人要求不通知使馆、领馆，且我国与当事人国籍国未签署双边协议规定必须通知的，可以不通知，但应当由其本人提出书面请求。”

在涉外行政案件中，涉案当事人一般不会放弃通知自己国籍所属国驻华使领馆的权利。因此，根据上述有关规定，办案机关就需要逐级层报到省级公安机关，再由省级公安机关通报该国驻华使领馆以及同级人民政府的外事部门。整个过程要出具各种证明材料，极其烦琐，如果涉案当事人来自发达国家还好，如果来自发展程度较低的国家，可能还未在我国设立使领馆，或者网上信息不全，办理起来更是费力。即使在顺利的情况下，对一名外国人进行拘留，也需要惊动省一级的公安部门和外事办公室，一份报告要从派出所或基层执法部门报送分局、市局，再到省厅，而且按规定需要在48小时内办理完毕，几乎是不可能完成的任务。超过48小时，如果还是没有通知到位，可能就有引发“外交纠纷”的嫌疑，从而对办案民警进行追责。

此外，即使这一通知任务顺利完成，可能还是会面临无法实施拘留的问题。根据《拘留所条例实施办法》第十八条：“被拘留人有下列情形之一的，拘留所不予收拘，并出具不予收拘通知书，通知拘留决定机关：（一）不满16周岁或者已满70周岁的；（二）已满16周岁不满18周岁，初次违反治安管理的；（三）怀孕或者哺乳自己不满一周岁婴儿的；（四）被拘留审查的人患有严重疾病的；（五）不宜适用拘留审查的其他情形。”

进一步而言，根据《治安拘留所管理办法（试行）》第十条的规定：“拘留后发现被拘留人患有传染病、精神病和其他严重疾病的，以及怀孕或者正在哺乳自己婴儿的，应当通知原裁决机关另行处理。”这就意味着，出现吸毒、艾滋病、开放性肺结核、高血压等情况时，拘留所是不收的，而在外籍嫌疑人中，前两类比例是很高的，这个时候只能由办案警察自行监管，但对这些拘留所也不收留的外籍人员，办案警察又能如何监管呢？

再有，根据《治安拘留所管理办法（试行）》的有关规定，对被拘留人中的外国人和无国籍人应当单设拘舍（第五条）。这一点无疑也给资源紧张的执行单位带来相当大的压力。

（三）对涉嫌犯罪的外籍人员刑事追诉力度不足

我国“外交无小事”的历史传统，形成了目前“涉外案件无小事”的情况。这些因素，都造成了目前外国人、中国人的某种潜意识：“外国人犯罪，和中国人不一样。”这几年外国人来华人数不断增多，涉及的违法犯罪现象也应该不断增多，但令人吃惊的是，直到 2011 年 5 月 25 日，浙江省才有了第一起外国人因醉驾被刑事起诉的案件。[①] 此外，尽管自 2012 年刑诉法修改（2018 年再次修改）之后，外国人犯罪的一般刑事案件的管辖权从中级人民法院下放到基层人民法院和检察院，而 2013 年年初，朝阳区检察院才受理了北京首例由基层检察院审查起诉的外国人犯罪案件。根据报道：“为保障新刑事诉讼法此项规定顺利开展，北京市检察院规定，犯罪地在朝阳区、丰台区、通州区、密云区辖区范围内的外国人犯罪案件，由朝阳区检察院统一办理。”[②] 据朝阳区检察院相关负责人介绍，由于外国人犯罪案件的办理在法律适用、办案程序等方面都与普通刑事案件有所区别，办案组的检察官需要熟悉相关法律法规及国际条约的规定，准确掌握办理此类案件的实体及程序性规范。

另外，该院要求办案组检察官在案件办理过程中，“加强与海关、国家安全机关、外事部门、驻华使领馆、翻译机构等单位

① 《北京清查三非外国人　专家称在华老外无特殊待遇》，搜狐新闻，http：//news.sohu.com/20120523/n343843194.shtml，最后访问日期：2019 年 7 月 15 日。

② 《朝阳受理首例外国人犯罪案》，搜狐新闻，http：//roll.sohu.com/20130110/n362966956.shtml，最后访问日期：2019 年 9 月 9 日。

协调沟通，严格遵循相关程序规定，注重贯彻保障人权的执法理念及宽严相济的刑事政策，充分保障犯罪嫌疑人的各项诉讼权利，确保外国人犯罪案件办理的政治效果、法律效果和社会效果的统一”。[①]

从这段报道中我们至少可以看出如下几个问题：第一，办理外国人犯罪案件需要协调沟通会商的部门众多，这无疑增加了办案的难度，如果人手不够，将直接导致追诉难以进行；第二，在办案程序和适用法律上和普通刑事案件有区别，即无法实现本国人和外国人在面临同样的犯罪情节时得到同样的待遇；第三，对办案人员素质的要求很高。

实际上，国务院颁布于 1986 年 12 月的《中华人民共和国外国人入境出境管理法实施细则》早已被质疑“落后于时代”。比如，对非法出入境的外国人，处罚是“1000 元以上、1 万元以下的罚款，或者处 3 日以上、10 日以下的拘留，也可以并处限期出境或者驱逐出境”。对非法居留的外国人，只处以“警告或者每非法居留 1 日，处 500 元罚款，总额不超过 5000 元，或者处 3 日以上、10 日以下的拘留；情节严重的，并处限期出境”（这些内容在 2013 年的修订版本中并没有得到改变）。实施细则中“情节严重，构成犯罪的，依法追究刑事责任”的规定在实践中应用的并不多。而在实践中，各大媒体所报道的很多外国人在中国的违法情节，早已构成了犯罪行为，比如殴打警察，干预执法；诱骗女性，色诱后将性爱视频发布在网站上炫耀；诈骗钱财；还有个别的在京外国人根本就是

① 《北京朝阳区法院受理首例外国人犯罪案》，山东卫海北洋律师事务所网站，http://www.sdbyls.cn/NewsInfo.asp? id=823297515934，最后访问日期：2019 年 7 月 15 日。

国外逃犯。①

对于涉外违法和犯罪行为，由于政策导向，一般报道力度不足，所以很多民众并不知道，实际上这几年的外国人违法和犯罪行为呈上升趋势，比如在朝阳区已经形成了规模。②

这些现象的出现，一部分由我国国民自己崇洋媚外的心理所致，但也有制度因素，不论出于何种原因，如果当我国国民在外国人的不良行为中成为被害人时，这些涉案外国人却得不到应有的追诉和惩处，反而在这些违法外籍人员圈子里流传着“中国人好骗”“中国女人不值钱”等言论，对于首都形象的塑造造成的恶劣影响是可想而知的。

二　深层次原因分析

面对以上这些查处涉外人员违法犯罪方面的困难，表面上看，这些困难本身就是原因。在经过对一线办案警察的调研和访谈中，我们发现造成这些困难和问题的还有更深层次的原因。

（一）初步违法排查本身不是很困难，但深度信息获取和利用困难

尽管在外国人信息获取方面存在一定困难，但是在基本信息获

① 《骗财骗色吸毒袭警：中国不是垃圾老外回收场!》，微信公众号，https：//mp. weixin. qq. com/s? __biz = MzA4MjAyMTU3MA = = &mid = 2650134664&idx = 1&sn = d0fefccdf1e70d987ccd7a47fa948a2d &chksm = 878d6525b0faec33b380de145e3dfee6b695b9457246cc6958edae8bc04fc3409abbb7c03 ae9&mpshare = 1&scene = 1&srcid = 0714r266OJp0Yrk3ETTFoVDT&pass _ ticket = ZhhLjzVXhO% 2F0FhzPR4mqPbuj0nyQbBWRB7T7wxJa45WvJ8BfQMibX88yzVpVpZdp#rd，最后访问日期：2019 年 7 月 15 日。

② 《骗财骗色吸毒袭警：中国不是垃圾老外回收场!》，微信公众号，https：//mp. weixin. qq. com/s? __biz = MzA4MjAyMTU3MA = = &mid = 2650134664&idx = 1&sn = d0fefccdf1e70d987ccd7a47fa948 a2d&chksm = 878d6525b0faec33b380de145e3dfee6b695b9457246cc6958edae8bc04fc3409abbb7c 03ae9&mpshare = 1&scene = 1&srcid = 0714r266OJp0Yrk3ETTFoVDT&pass_ticket = ZhhLjzVXh O% 2F0FhzPR4mqPbuj0nyQbBWRB7T7wxJa45WvJ8BfQMibX88yzVpVpZdp#rd，最后访问日期：2019 年 7 月 15 日。

取方面，比如查获能够对这些违法外国人进行行政拘留，甚至刑事拘留方面的信息，对有关机关而言，困难并不大，但问题在于对更深层次的信息排查，信息的进一步挖掘和有效利用上目前做得不是很好。

但是，当我们提出建立信息共享平台，以便更有效地深度发掘和利用信息这样的想法时，出乎意料的是，受访的一线办案人员都出现了抵触情绪，这是为什么呢？很多办理这类案件的警察在接受访谈时纷纷表示，没有这些平台之前的办案效率高多了。平台现在有很多，甚至可以说多如牛毛，但在现实中的用处很小。我们认为，出现这种现象的原因是，这些平台基本上都是非一线警察、非一线执法人员搭建的，对外国人违法的司法和执法程序缺乏经验，实用性差，无法和现实的司法、执法程序乃至其程序细节相契合（这种现象不仅出现在执法警察机关，根据我们的调研和访谈，包括检察院在内的其他办案部门也都有类似的情况，往往一个数据录入错误就导致整体系统瘫痪或结果混乱，而查找这一个录入错误的数据的成本极高，几乎要把所有的案件都排查一遍）。

此外，除了外行搭建平台的弊端，包括北京在内的各个大力推行平台和无纸化办公的省（区、市）可能都存在一个问题，那就是在办案过程中，真正具有审批权的机关，尤其是公检法，还是不信赖电子化的办公结果，仍然要求见到人、见到实物。无纸化的系统出来之后，往往一个流程要录入上百项，甚至上千项信息，如果不经过专门培训，对这些信息录入是不可能快速上手的，比如一个研究生毕业的实习生，直接让他操作录入系统也是难以实现的。从实践操作来看，无纸化系统的推行并没有替代过去的实务化和有纸化办公，反而增加了录入工作量，此外，对于电子化办公和文件格式的严格要求也无形中增加了大量行政成本。

此外，由于安全系统等方面还不是尽善尽美，因此办理案件的各个环节在现阶段的北京，其实还远远没有实现完全的网络化办公，政策也不允许完全在网上进行办公，因此从这个角度而言，一线办案人员使用的平台越多，反而会导致按照不同平台的标准留下的纸质化的东西越多，造成资源的二次，甚至三次、多次浪费。

反过来说，相比起上述表面化的无纸化办公而言，一部分办案人员对于真正的无纸化办公是欢迎的。在这个方面，深圳已经大大走在了北京前面，尽管不能说其已经完全实现无纸化办案，但正在往这个方面大踏步前进，办理一个普通的简单案件，从头到尾只需要 4 个小时就可以流转到下一个环节，比如送押。

（二）外国人行政拘留程序中的复杂性只是警察工作流程的一个缩影

程序报批的问题当然不是涉外案件中独特的问题，而是目前现行的、跟警务相关的普遍问题。在普通行政案件和刑事案件中，对警察的要求和标准也都非常高，而一线往往很少有这样的人力和精力能达到这种要求。严格的程序标准本身没有错，但是在现有的人员配比和资源配比条件下，按照现在的流程和工作时间的规定，完成这些标准几乎成了不可能的事情。当然，这又涉及治安警务管理的问题。在访谈过程中，受访警察们纷纷表示，很多科班出身的学生到该单位实习之后，表示压力太大，不愿意长期在这里工作，这反过来又造成招收的一线警员素质难以得到保证的问题。比如，一个人连续工作 36 小时不休息，这种在其他单位很少见的情况，对于一线警察而言却非常普遍，而这种现象不仅仅出现在一线涉外办案警察那里，其他的警察也一样存在。可以说，一线涉外警察的情况只不过是北京警察普遍情况的一个特写和缩影。

受访警察们表示，在处理涉外人员违法事件时，北京警力不足的现象尤为明显。北京警察往往是一两个人管一个片区，警察们往往是36个小时连续干，干完了睡一天，睡完接着连轴转，一线民警中一个月只休息一天的人是很多的。

此外，在装备方面，公务用车改革之后，很多警察公务用车已经上交，警察的工作不同于普通公务员工作，可能会半夜出警、连轴转，在这种情况下，公务用车上交之后还怎么开展工作呢？因此，即使相关标准和规定到位，人和装备没有到位也是无用的。

如上所述，涉外案件的办理也只不过是普通行政执法案件和刑事案件办理的一个缩影，解决上述问题不是一蹴而就的。

（三）对有病而不适用拘留条件的违法外国人，处理上不存在难题，但成本巨大

针对拘留所不接收的有病的违法外国人，尽管无法在拘留所正常收押，但可以指定地点看管，也可以遣送出境，不会因为有病就流落到社会上。《中华人民共和国外国人入境出境管理法》中规定，可以对这些有病的违法外国人指定活动区域，从而限定其活动，并在此期间完成各种遣送出境的手续，这方面是没有问题的，但是由于手续烦琐，行政成本非常高。

（四）资源匮乏也是涉外案件中刑事追诉启动困难的直接原因之一

办案人员的不足以及资源的匮乏直接导致的一个问题，反映在涉外案件之中就是直接导致办案流程不规范，比如一个人同时给两个当事人做笔录，一个人替多人签字，在这种情况下，规范的诉讼难以形成——由于案件涉外，所以事关重大，一旦发动诉讼，很容易被挑出一些不规范的地方（比如，由于人手和办案规定时间的限制，案卷中经常出现一个人在同一时间出现在两个以上不同的地方

的现象，这种案卷不可能往上报，也是不可能获得诉讼审理的案卷），这些责任是办案人员难以承担的，由此直接导致涉外刑事诉讼难以被提起。

因此，精简高效、流程再造尽管是公安改革，顶层设计的重点，中央也很重视，但在访谈中的一个普遍反应是：效果不明显。相比而言，一部分沿海城市已经领先于北京了，受访老警察们反应，北京的办案模式还是20世纪80年代的模式，现在即使机构名称不一样了，但本质上并没有发生改变，而且需要报送的东西较之以前只多不少，还有越来越多的趋势。在涉外案件中，这一点表现得尤为明显，涉外案件的办理目前没有形成一个全国统一的指导性意见，加上涉外各个部门的信息分散，因此相比起其他案件而言，执法成本更是高得多。

（五）办案人才流失严重

这些年涉外办案警察人才流失严重，可能是缘于工作压力太大或者资源不足，但无论何种原因所致，这种流失带来的弊端是清晰可见的。

在调研中，我们吃惊地发现，导致人才流失的最主要的因素居然是公安系统考核制度。由于我国涉外事项归多个部门管理，移民局实际上不是单一的一个机构，而是隶属于公安序列的，也是警察系统的一个机构。因此，很重要的一点是，对地方公安局的考核直接影响到涉外案件管理的质量。

在我国，警察系统管辖范围很大，大包大揽，几乎什么都管，移民管理部门是单独分出来的，因此在考核警察的过程中，对出入境管理、涉外警务和移民局的考核被稀释了，占的比重非常低。考核中有60%的分值与刑侦、治安案件有关，30%多与服务事项以及行政管理审批有关；而移民事项大概只能占到4%，当然现在这个比例相比过去的2%已经有所上升。因此其工作质量很容易被忽略，从而导致诸多问题的出现。比如，在考核分值的隐性引导下，相关配合部门给予外事案件的重视度很低，到派出所这个层级办事的时候，如果地方派出所积极配合，大多是出于私人交情，因为查找一个签证过期、违法滞留人员的事项还不如一个盗窃案件重要，这也加大了这个领域相关办案人员的工作难度，同时也是很多优秀毕业生不愿意到出入境管理部门工作的一个重要原因——工作内容在考核工作中不受重视，这4%的移民事项在资源分配不过来的时候，最差的结果就是直接放弃；但如果这4%出现一点差错，所造成的影响却不是在100分里面扣4分那么简单，因此直接放弃反而是一个较好的选择。

这又直接导致出现了两个有意思的现象。（1）一个刑警或者治安队的随便一个科长到派出所要求配合（当然他们的人手也不足，但比出入境多，比如，出入境一两个人管全区，治安队是100多人管全区），就能够调动派出所的几乎所有人员协助工作，但出入境的工作人员到派出所要求配合，就是另外一种景象了。（2）从全局各种警种的角度说，大部分领导认为，既然出入境的工作在评分中占比很低，出错却影响全局，因此经常调配出入境本来就很少的人手去干别的工作，比如去管几个小时交通，这种和业务毫不相干但工作量很大的工作。

另外，在勤务性绩效补助方面，出入境系统的绩效补助只是别的部门的一半，这令出入境人员的处境更是雪上加霜。成立移民局之后，情况并未得到明显改善。由于对于移民局的未来性质定位尚有争议，公安部门的整体资源配比并未向办理涉外案件倾斜，而且增加相关办案人手的动力严重不足。

这些问题都很细小，却直接影响着涉外案件办理的质量。

（六）对外聘翻译依赖过重，但实效较差

那么，下一个问题是，上述所指的人才是既懂业务又懂外语的人才吗？在访谈过程中，受访的一线警察们纷纷表示，有这种业务和外语双精通的人当然是完美的，但是警察现场执法不一定用外语，尤其文书应该使用法定的本国通用的语言文字。警察执法实践中，外语的作用主要是便于询问以及对现场进行控制。当然，对比国外一些大城市的警察机构及移民执法部门，无论执法还是服务，抑或是国际交流，警方内部都有相应的专业人员。这也是作为专业涉外执法和服务单位必须具备的基本技能要求，掌握对象国的语言和文化从这个角度而言是很有必要的，所谓“知己知彼，百战百胜”。

但现在的问题是，大多数真正会外语的专业人才目前对这份工作不是很感兴趣，所以只能依赖外聘翻译，而外聘翻译是否能填补这个用人缺口呢？目前看起来是不能的。对这个否定的回答可以分为若干方面进行解释，比如说外聘翻译也往往受不了涉外办案的工作压力；但最为重要的是，外聘翻译也要经过培训才能上岗，并非直接外聘过来就能用。警务翻译和司法翻译特别需要技巧，也非常复杂，专业性很强，一般翻译往往不能介入。这一点在同传业内表现得非常明显，精通所有领域词汇的同传从业人员基本上是不存在的，一般只能深入一两个专业领域从事翻译活动，比如经济、军事、农业、考古、法律等。

在这个方面，出入境部门退而求其次，招募的人（在打击“三非”方面）一般不过分强求其语言能力很强，但是必须要对涉外法律业务有一定的了解。在一般涉外刑事案件和治安案件的处理上，目前采用的办法是只要相关人员被带入“三室”——询问室、讯问室、候问室——就让专业翻译上，但是会外语的干警也要陪同。为

什么会出现这种现象呢？我们认为，其背后的原因是针对涉嫌犯罪的案件，进入审查起诉阶段后，检察院在审查案件的过程中，要求之前参与侦查阶段的讯问过程的翻译人员持有翻译证，而这个资格证需要每年都考，不是一劳永逸的。作为一线警察，即使业务再熟练，外语再好，也很难有精力每年去参加这个考试。而且，这些一线办案人员的外语往往是专业外语，尽管专业化程度很高，但因为他们对于其他方面的外语可能不是那么娴熟，参加综合性外语考试也没有很大优势。所以，外聘翻译和专业办案人员在办案时会形成一种有趣的互补：持证翻译和不持证的警察同时上，尽管最后签字的时候是外聘的有翻译证的翻译签字，但是主要环节的引导都是这些没有翻译证的、懂专业外语的警察。面对诸多专业术语和行话，这些外聘翻译通常不懂，他们的存在大多是完成程序上的配合。

综合而言，长期以来形成的办案模式如下：在犯罪第一现场，第一时间需要抓捕以及有正面冲突可能发生的时候，是不请外聘翻译的，因为担心外聘翻译在现场可能会出现危险。一旦外国嫌疑人被控制，进入“三室”之后，外聘翻译就出场了，但在这个环节，外聘翻译如果没有专业警察陪同，结果可能不能令人满意。可见，外语和专业的结合必定是一个长时间的磨炼过程。

（七）目前大数据引导下的电子化办案流程的适用过于僵硬，弊大于利

针对目前很多地区在实践的，用大数据制作电子化办案流程的问题，比如规定不同案件所需要的证据和所要达到的标准，我们的一线调研工作收到的反馈意见是弊大于利，主要有以下几点。

第一，模式化的平台流程可能会被某些违法乃至犯罪分子进行反向利用，从而逃脱惩罚。

第二，在发生犯罪和违法情况之后，由于既定的电子化流程所限，警察可能查不出真实的违法事实。我们认为原因是在现有电子模块的指引下，警察只需要按照大数据规定的流程机械完成每个环节，多走一步反而可能有麻烦，出现问题。而现实的执法环境、现场和案件的细节是千变万化的，基于一个电子系统指挥办案的结果，可能只有被这个系统识别的和认证的，能够按照这个系统往下走的案件才能被纳入视野，超越这个系统的工作就没法做，警察在这种情况下会产生“按照系统走就能证明自己已经干了该干的事情，并且没有出错”的定式思维，然而这与案件处理应有的态度恰恰是背道而驰的。警察在案件发生之后，一般情况下在案犯到案之前是很焦灼的，但在这些系统出现之后，产生了一种非常怪异的现象：嫌疑人到案之后，办案人员反而变得更焦灼了。因为基于大数据制作的电子化办案流程程序经常出现问题，警察也不是专业系统员，比如字体不对、各种表格做得不对而导致案件处理进行不畅。就好像系统不是在为人服务，人反而成了系统的奴隶。

（八）追责制度的扩大化反而导致了对违法犯罪的放纵

在组织管理方面，无限追责，以及扩大追责的态势不断升级蔓延，这也带来很多实践中的问题。比如，如果地方警察在工作中发现了一个长期非法滞留的外国人员，即使办案人员在之后的办案程序中勤勉尽责，有关领导还是有可能被追责。追责理由是为什么没有在该人员非法滞留的初期发现该人员?! 根据规定，外国人入境之后 24 小时内应该到所在辖区的派出所去登记，但是这些外国人要么怠于去登记，要么本身就是从事违法犯罪活动的，不可能主动去登记，而一个辖区的警察有时只有几十人，最多上百人，管好几万的群众，几乎不可能深入每一家去敲门入户排查外来人口。在这种情况下，“多干多错，少干少错，不干不错”，用最简单的博弈论就可以推导“多一事不如少一事”是最优的执法选择。

再者，我们的驻外使领馆给很多国家的外国人发“144 小时的过境免签”，涉及国家众多，本来应该让入境人员提供入境的准确住址，核实之后才能把人放进来。但现实情况是这些人入境的时候很随便，如果入境后的 144 小时内，没有按照规定登记，追究的是地方警察的责任。这种不合理的追责显然无法从源头上解决问题。

三 资政建议

（一）建立多部门信息共享平台，从源头上把控入境信息管理

笔者认为，国家移民局以及上层的设计思路应该是使外交部、驻外签证机关、边检机关、境内出入境管理部门的资源实现共享，即外交人员、使馆工作人员、边检警察、外事警察、地方派出所和治安警察应该实现信息共享，统一起来，相互交流，进行源头管控。车站售票、航空售票、宾馆住宿应该向平台提供出入境外国人信息，同时在入境审查，甚至办理签证时，要求提供详细入境后居住信息，采集指纹等生物信息。为了防止外来人员居住信息不实，或者入境后改变实际居住地，导致地方警察难以查控等问题的出现，应该像美国一样，让涉外人员在办理入境签证前提供各种社交平台的信息，如果境内有接待单位、亲属、朋友等，都应该在入境之前提供，拒不提供或不实提供者，列为失信人员，采取限制入境、处罚乃至驱逐出境等相应措施。这样，地方警察能路径清晰地查处非法滞留的涉外人员，节省办案成本，能在很大程度上改变现有局面。

此外，还应改变目前入户核实外来人口的落后方式，因为这种方式不仅耗时耗力，而且可能引发文化冲突——很多西方人认为，警察一旦入户检查就意味着自己“触犯了法律”，因此可能会出现诸多不配合，甚至暴力抗法的情况。在实现信息共享之后，一方

面，在涉外人员入境后没有到地方派出所登记的情况下，这些涉外人员的实际落脚地很容易查询；另一方面，也没有必要硬性要求短期入境人员到当地派出所进行登记，这种要求容易不被遵守或招致反感。在信息查询过程中，宾馆等信息来源可以做一定的补充；而且即使入境人员不住宾馆，在出现违法行为的时候，之前采集的生物信息也可以迅速帮助办案人员核实身份，并进一步导出其社交账号信息，进一步发掘违法涉外人员的深层次信息。

（二）信息平台或类似软件的设计，需要专门调配不同部门的一线办案人员全程参与、试用、评估

在调研中我们发现，现在一些一线办案人员（包括公检法等机构的人员）拒绝各种平台，原因是尽管平台众多，但大多不仅不好用，反而起到了相反的作用。随着平台或 App 的增加，不仅没有使原来的问题得到解决，反而增加了更多的不便利和工作负担，或者把一种不便转化为另一种不便，即输入方式复杂，而且不易上手学习，同时纸质文件还和以前一样并存，甚至平台的出现增加了新的要求，导致纸质文件增加。大多数平台建立之前承诺得非常好，例如“综合性、统一性、集成化、高效化、扁平化、规范化、合作化、协作化管理”，但出来之后在实践中有一些并未出现这些效果，原因值得深思。电子化、无纸化办公是未来工作的一个发展趋势，但真正的无纸化办公，应是无纸化和纸质化同时要求，不过分关注办公文件的形式，不做形式上的苛责要求，转而关注其本质内容，这才是精简减负的正途，未来的纸质应该不仅仅是对不会使用无纸化的单位和人员的一种替代和辅助性手段。

（三）在有些人脑的能动性无法替代的领域，建议暂时不要推进电子化大数据程序管理

比如在刑事案件中，不宜规定某类案件必须收集何种证据，案件的细节千变万化，而这些细节往往是表面看似一样的案件区别于另一个类似案件的重点，也是质的区别点，有些案件没有直接证据，但是由间接证据也能得出同样的结论，在这些领域，不宜用僵化的数据指导和代替人的经验判断以及司法的能动性。

（四）不以结果为导向展开追责，而是要真正考量工作流程的规范性

以结果为导向的追责在发达国家大都罕见，比如错案导致法官受到追责的情况在部分国家几乎是闻所未闻的。我们认为原因很简单，人可以控制的是尽职状况下的流程，对结果往往是不可控的。如果以结果为导向，最好的选择就是尽量不干或者少干，而且具体办案人员也会感觉内心委屈。因此，只要办案流程规范，同行评价尽责，就应当对具体办案人员的工作尽量做出肯定性评价。

（五）对于公务用车等资源配置，应当对涉外办案人员等一线警察进行一定比例的倾斜

目前的客观情况是，包括基层涉外警务工作者在内的一线警察系统人力严重不足，在短时间内无法解决人员配比的情况下，如果在公务用车等资源配置上和其他公务员单位一样步步压缩，在很大程度上会导致正常工作都无法开展的困境。

（六）加大对北京涉外法律人才的培养力度，并且进一步划分方向和类别，改革考试方式

习近平总书记在 2019 年 2 月中央全面依法治国委员会第二次会议上指出，“要加强涉外法治专业人才培养……保障和服务高水平对外开放”。习近平总书记的讲话为未来北京高端法律人才的培养指明了道路。

涉外法律高端人才应当满足以下几方面要求。首先，具有国际视野，通晓一般性法理知识、国内法律知识以及一定的国际法律知识，参与办理涉外案件，仅了解与我国的法律相关知识是远远不够的。其次，尽可能多地了解外事礼仪和外国文化。最后，具有良好的沟通技巧和语言能力。涉外法律高端人才应既精通法律外语，又深入了解相关国家的经济社会与本土文化。只有具备良好的跨文化交流与磋商谈判能力，才能在涉外案件办理过程中进行有效交流。

在上述这些要求被满足的情况下，由于法律领域庞杂，还需要在综合培养的基础上进行进一步分类，深度培训，比如警务外语、刑侦外语、知识产权外语等，下一步北京应当深入考察具备承担这些培训项目的高校和其他相关机构，重点扶持具有外语兼法学优势的高校和研究机构，在其内部设立诸如涉外法律语言翻译服务中心之类的机构。

此外，还应进一步改革法律外语的考试和上岗方式，对已经具有丰富办案经验的一线人员，不应要求其需每年参加翻译证考试方可上岗，应该结合考试成绩、同行评价、工作经验和年限等做出更为人性化和合理化的上岗方案，减少在处理涉外案件时，外行翻译负责签字，内行警务人员主导实际翻译工作的怪现象。

（七）在未来将移民局从公安系统中独立出来，至少实现独立考核

外事确实无小事。随着首都经济的发展和对外开放程度的提升，尽管外事案件在整体公安体系里面所占比重依旧较小，但是其对首都对外形象的树立却是至关重要的。从国外的经验来看，移民局的工作是一国行政工作中的一个重点，比如美国移民局就直接归属于司法部，可见地位重要。现行将移民局和其他涉外案件办理部门统一归属于公安系统并参与公安系统综合考核的方式，由于其在庞大的公安管辖事务范围内所占比重较小，因此无论在人力配比还是其他资源配比方面都受到不同程度的忽视，甚至导致办案人员所

得津贴也相对较低，这也是导致其工作难做，人才难以保持的一个重要原因。未来只有将移民局从公安系统中独立出来，或者至少先实现独立考核，或者获得其他政策倾斜，或者整体改变现有考核体制，这个领域的工作才能够在短期内得到较大提升。

北京涉外劳动法律环境研判

高　咏

近年来，来京工作的外国人的人数逐渐增多，在这种人才流动的国际化趋势下，劳动者与用人单位之间的纠纷也有所增加。涉外劳动关系的法律问题已经成为一个热点、难点问题，涉及十分复杂的法律问题。在法律适用方面，绝不是仅适用我国的《劳动法》那么简单。认真对待和处理这种特殊的劳动关系，对提升北京的国际综合竞争力、合理配置人力资源有重大作用，对加速融入经济全球化的对外开放战略进程也将有深远影响。有效协调涉外领域中的劳动关系，不仅可以促进和谐劳动关系的形成，而且对北京的国际化和现代化建设的进程具有重大的意义。

一　涉外劳动法律问题概况

在我国与世界各国间的科技、经济、教育、文化的合作与交流不断加强的背景下，企业聘用外国人就业的情况逐渐增多。外国人在我国就业有许多的特殊性，因此，我国相关法律法规对此问题有一系列特殊的规定。

《中华人民共和国劳动法》（以下简称《劳动法》）第二条规定："在中华人民共和国境内的企业、个体经济组织（以下统称用人单位）和与之形成劳动关系的劳动者，适用本法。"按照这一条的规定，劳动关系仅指我国境内的用人单位与劳动者之间的关系，境外的用人单位不包括在内。

近年来，外国人在中国工作的人数逐年增多，这些劳动者有的与用人单位签订了劳动合同，有的没有签订，而且还有相当一部分外国人没有就业许可证。规范涉外劳动关系十分必要，为此，《最高人民法院关于审理劳动争议案件适用法律若干问题的解释（四）》明确了涉外劳动关系的司法认定标准，该法第十四条规定："外国人、无国籍人未依法取得就业证件即与中国境内的用人单位签订劳动合同，以及香港特别行政区、澳门特别行政区和台湾地区居民未依法取得就业证件即与内地用人签订劳动合同，当事人请求确认与用人单位存在劳动关系的，人民法院不予支持。持有《外国专家证》并取得《外国专家来华工作许可证》的外国人与中国境内的用人单位建立用工关系的，可以认定为劳动关系。"

结合上述两条规定，认定我国法律意义上的涉外劳动关系、劳动者存在涉外因素的法律关系，即中国的用人单位雇用外国人在中国工作形成的法律关系。对于这种法律关系的认定，应当从以下几个方面着手。

（一）涉外劳动关系的主体

总体而言，涉外劳动关系是指劳动合同的当事人或劳动合同的履行地点具有涉外因素的劳动法律关系。具体表现形式十分复杂，主要包括：外国公司雇用中国人在外国工作、外国公司雇用中国人在中国工作、外国公司雇用外国人在中国工作、中国公司雇用外国人在外国工作、中国公司雇用外国人在中国工作、中国公司雇用中国人在外国工作，还有外国公司在中国的分支机构或代表处与中国人或外国人发生的劳动法律关系，另外，涉外雇佣合同有时也被列入其中。

根据《劳动法》的规定，在中国境内的企业、个体经济组织和与之形成劳动关系的劳动者，适用该法。《中华人民共和国劳动合同法》（以下简称《劳动合同法》）规定，中国境内的企业、个体经济组织、民办非企业单位等组织与劳动者建立劳动关系，订立、履行、变更、解除或者终止劳动合同，适用该法。因此，受我国法律保护的劳动法律关系需要具备一定的条件。

首先，用人单位须是中国境内的企业、个体经济组织或者非企业单位等组织。根据我国相关法律的规定，外国公司不得直接在我国开展经营活动，也不得直接雇用中国人在中国工作。外国公司的商业活动须通过其在华设立的代表处或分支机构进行，此时可以雇用中国人在中国工作。但是，这种劳动关系不受我国《劳动法》的保护，如果双方发生纠纷，只能作为普通民事纠纷处理。就此，外国公司直接聘用中国人以及外国企业的驻华机构、代表处在我国境内聘用中国人的情形，均不属于我国相关劳动法律规范调整范围内的劳动关系。

其次，劳动者是外国人。对于中国公民而言，劳动权利是一种宪法权利，不低于 16 周岁的中国公民均应享有。而外国人不属于在我国享有宪法权利的劳动者，所以他们须在符合法定的就业条件后，才可以成为合法的劳动者，满足法定条件的外国人与用人单位之间的劳动关系才能适用我国的相关劳动法律规范，其权利才能受到法律的保护。

最后，劳资双方的关系是劳动关系。按照法律规定，雇佣合同不属于劳动合同，不适用《劳动法》等法律法规。外国人受雇于我国的用人单位时，是否受到我国《劳动法》的调整，除了具有劳动者和用人单位的主体资格要求外，还要关注二者之间的法律关系的类别，劳务关系平等主体通过劳务合同建立一种民事权利义务关系，如雇用菲佣提供劳务，就不受我国《劳动法》调整。

中国的用人单位聘用外国人工作，如果该外国人符合在华就业的法定条件就能够获得就业许可证和就业证，双方之间就形成了一种劳动法律关系，这种法律关系受我国法律的保护。双方就劳动合同的履行、变更、解除或终止发生劳动纠纷的，可以向劳动仲裁机构申请仲裁。

（二）劳动者的法定条件

《劳动法》和《劳动合同法》均未对外国人如何成为合格的劳动者进行明确的规定。相关规定主要见于司法解释和劳动人事主管部门的部门规章中，如《中华人民共和国出境入境管理法》第四十一条规定："外国人在中国境内工作，应当按照规定取得工作许可和工作类居留证件。任何单位和个人不得聘用未取得工作许可和工作类居留证件的外国人。"劳动部、公安部、外交部和外经贸部联合颁布的《外国人在中国就业管理规定》第八条也指出，在中国就业的外国人应持职业签证入境（有互免签证协议的，按协议办理），入境后取得《外国人就业证》和外国人居留证件，方可在中国境内就业。也就是说，外国人在中国就业，须持有中华人民共和国外国人就业证、中华人民共和国外国人居留许可以及职业签证。这些法律法规对外国人就业资格和手续办理进行了规定，要求此类人员在中国须取得合法劳动者资格后才能就业，必须经过相应的就业资格审批手续，并持有相关资质证明，建立我国关于外国人在中国就业的行政许可制度。

《外国人在中国就业管理规定》还规定了豁免办理就业许可证和就业证的法定情形。"凡符合下列条件之一的外国人可免办就业许可和就业证：（一）由我国政府直接出资聘请的外籍专业技术和管理人员，或由国家机关和事业单位出资聘请，具有本国或国际权威技术管理部门或行业协会确认的高级技术职称或特殊技能资格证书的外籍专业技术和管理人员，并持有外国专家局签发的《外国专家证》的外国人；（二）持有《外国人在中华人民共和国从事海上石油作业工作准证》从事海上石油作业、不需登陆、有特殊技能的外籍劳务人员；（三）经文化部批准持《临时营业演出许可证》进行营业性文艺演出的外国人。”持有《外国专家证》的外国人，根据 2004 年 9 月 30 日国家外国专家局颁布的《外国专家来华工作许可办理规定》，还需办理《外国专家来华工作许可证》。

同时，《最高人民法院关于审理劳动争议案件适用法律若干问题的解释（四）》规定，外国人未依法取得就业证件即与中国境内的用人单位签订劳动合同的，劳动关系不受法律保护，但是，持有《外国专家证》并取得《外国专家来华工作许可证》的外国人，与中国境内的用人单位建立用工关系的，可以认定为劳动关系。

需要注意的是，外国人在我国就业还必须满足一些其他的法定条件。《外国人在中国就业管理规定》第六条规定：“用人单位聘用外国人从事的岗位应是有特殊需要，国内暂缺适当人选，且不违反国家有关规定的岗位。用人单位不得聘用外国人从事营业性文艺演出，但符合本规定第九条第三项规定的人员除外。”规定的人员，即“经文化部批准持《临时营业演出许可证》进行营业性文艺演出的外国人”。该法规第七条规定：“外国人在中国就业须具备下列条件：（一）年满 18 周岁，身体健康；（二）具有从事其工作所必须的专业技能和相应的工作经历；（三）无犯罪记录；（四）有确定的聘用单位；（五）持有有效护照或能代替护照的其他国际旅行证件。”

（三）用人单位的义务和责任

办理就业许可证的申请人应当为用人单位而不是劳动者。也就是说，用人单位应当为外国人在华就业办理合法手续。《外国人在中国就业管理规定》第十六条规定："用人单位应在被聘用的外国人入境后十五日内，持许可证书、与被聘用的外国人签订的劳动合同及其有效护照或能代替护照的证件到原发证机关为外国人办理就业证，并填写《外国人就业登记表》。"该法规第五条规定："用人单位聘用外国人须为该外国人申请就业许可，经获准并取得《中华人民共和国外国人就业许可证书》后方可聘用。"《出境入境管理法》第四十五条也指出："聘用外国人工作或者招收外国留学生的单位，应当按照规定向所在地公安机关报告有关信息。"该法规第四十三条规定："外国人有下列行为之一的，属于非法就业：（一）未按照规定取得工作许可和工作类居留证件在中国境内工作的；（二）超出工作许可限定范围在中国境内工作的；（三）外国留学生违反勤工助学管理规定，超出规定的岗位范围或者时限在中国境内工作的。"

用人单位非法聘用外国人应当承担相应的法律责任。《出境入境管理法》第八十条规定："介绍外国人非法就业的，对个人处每非法介绍一人五千元，总额不超过五万元的罚款；对单位处每非法介绍一人五千元，总额不超过十万元的罚款；有违法所得的，没收违法所得。非法聘用外国人的，处每非法聘用一人一万元，总额不超过十万元的罚款；有违法所得的，没收违法所得。"

二　北京涉外劳动法律问题的基本现状

在首都国际交往中心建设过程中，大批外国公司来京投资，这种趋势带动和吸引了大量外籍人员来京就业。1996 年我国开始实行外国人就业申请制度，自此以来，外籍人员在京就业日益增多，呈逐年上涨的趋势。据统计，截至 2019 年上半年，有将近 5 万名外国人在北京取得了《外国人来华工作许可证》。[①] 其中，长期或中长期在北京工作的外籍人员主要来自日本、韩国、美国、澳大利亚、德国等国家，绝大多数具有学士及以上学位，在信息工程、软件编程、教育教学、科学研究和技术服务等岗位就业。[②] 据统计，北京目前1.2万余家企事业单位聘用外籍人员工作，以三资企业、高科技企业和高校居多。

（一）制度建设

为规范北京市外籍人员聘用秩序，维护聘用双方的合法权益，优化首都集聚国际人才的良好环境，进一步加强北京外籍人员聘用工作，2014年9月，北京市人力资源和社会保障局、北京市人民政府外事办公室和北京市教育委员会联合发布《关于进一步加强北京市外籍人员聘用工作的通知》（以下简称《通知》），对外籍人员来京工作的程序与要求进行了统一的规定。

《通知》指出，外籍人员要来京工作，应当同时具备四个条件：一是身体健康，无犯罪记录，年龄在18~60周岁；二是要有学士及以上学位和2年及以上的相关工作经历，除语言教师外，外籍教师要具有5年及以上相关工作经历，对于不具有学士及以上学位、来京承担急需紧缺工种关键技术工艺研发任务的高级技能人才，则应该具有国外技术资格认证；三是外籍人员来京工作必须要有确定的用人单位，持有有效护照或能代替护照的其他国际旅行证件；四是外籍人员要取得工作许可和工作类居留证件，而且从事的工作不能超出工作许可限定范围。如果外籍人员是属于北京市经济社会发展

① 《北京持续创新外国人来华工作服务　吸引外籍人才“待得住”》，百家号光明网，https：//baijiahao. baidu. com/s? id = 1633104887849178833，最后访问日期：2019年10月22日。

② 《北京严格外籍人员在京受聘管理　洋外教入职门槛提高》，腾讯教育，https：//edu. qq. com/a/20140914/017600. htm，最后访问日期：2019年10月22日。

急需紧缺的人才，例如属于“千人计划”“海聚工程”“融智北京计划”等项目的专家，可适当放宽年龄及工作经历年限限制。

在北京，外语教学有大量的外教参与，但是，外籍教师的素质并不是完全达标，一些外籍教师既没有教师资格，也不懂如何教学，事实上只是教育培训机构谋取利益、欺骗学生的幌子和工具，损害了学生的合法权益，也破坏了市场的正常竞争秩序。为外籍教师设定准入门槛并严格设置准入条件，对于维护学生的利益、维持外语培训市场的有序发展以及提升外籍教师的整体水平十分必要。为此，《通知》明确，自2014年10月31日起，新申请办理工作许可和工作证件的外籍教师，在学前幼教机构、中小学、国际学校以及各级各类教育培训机构从事教育教学工作的，应当持有所在国颁发的教师资格证书；从事语言教学的，如未持有所在国颁发的教师资格证书，应当取得国际通行的语言教学资格证书，如TEFL（通用英语教师资格证书）、TESL（第二语言的英语教学资格证书）、TESOL（对外英语教学资格证书）、TKT（剑桥英语教学能力证书）、CELTA（英语语言教师证书）等。

对于某些特殊行业的用人单位，也应取得相应的资质才可以聘用外国人。《通知》要求，对于包括教育、科研、新闻、出版、文化、艺术、卫生、体育等行业在内的用人单位，需要聘请外国文教专家的，须取得“聘请外国专家单位资格认可”后，方可开展聘用外国文教专家工作。市人力社保局（市外专局）在官方网站公布北京地区已取得“聘请外国专家单位资格认可”的单位名单。取得“聘请外国专家单位资格认可”的单位须在该单位公共区域和网站首页的显著位置公开其《聘请外国专家单位资格认可证书》。

《通知》还明确，用人单位应当承担外籍人员管理服务的主体责任。用人单位应当通过正规、合法渠道聘用外籍人员，与所聘外籍人员依法签订劳动合同，劳动合同期限不得超过5年，按规定为其缴纳社会保险，并保障其薪酬福利、劳动安全等合法权益，确保所聘外籍人员在劳动合同存续期间遵守中国法律法规。

用人单位还应加强内部制度建设，完善绩效考核、薪酬福利、安全防范和教育培训等管理制度；为所聘外籍人员建立包括劳动合同、有效护照和工作证件复印件、有效临时住宿登记单、国外无犯罪记录证明、日常考勤记录、社会保险缴费记录、工资发放记录等内容的工作档案；加强对外籍人员住宿登记管理，督促在旅馆以外的其他住所居住或住宿的外籍人员，依法在入住24小时内由本人或者留宿人，到居住地的公安机关办理登记手续；指定专人担任外籍人员工作事务专办员，专人履责，具体承担所聘外籍人员的手续办理、管理服务等工作，并保持专办员队伍的相对稳定。

另外，用人单位应建立外事应急预案，如所聘外籍人员发生人身意外伤亡事故、医疗卫生事故、经济安全事件以及其他突发情况，用人单位应启动外事应急预案，并及时上报区县和市级人力社保（外专）、外事、公安、教育等部门，不得隐瞒、缓报和谎报。

为加强外籍人员工作证件的管理，《通知》要求，用人单位应当为所聘外籍人员及时办理工作证件的申请、变更、延期、注销等手续。用人单位应当自解除或终止劳动合同之日起10日内，申请注销所聘外籍人员工作证件。外籍人员擅自离职，超过15日未能取得联系的，用人单位应在公开媒体进行为期10日的公示，公示期满仍未取得联系的，用人单位应向市人力社保局（市外专局）提交证件注销书面申请；由市人力社保局（市外专局）在其官方网站进行为期10日的公示，公示期内，外籍人员本人未提出异议的，注销其工作证件。用人单位与所聘外籍人员签订的劳动合同期满，其工作证件即行失效，需要续订的，用人单位应当在工作证件期满前60日内，向原发证机关提出延长聘用时间的申请，经批准并办理工作证件延期手续。外籍人员所持签证证件、工作证件遗失、损毁、被盗抢的，或单位登记信息、外国人居留证件登记事项发生变更的，用人单位应当在10日内向原发证机关申请办理挂失、补换发或变更手续。

在严格管理的同时，为激发用人单位的积极性，《通知》规定，由市人力社保局（市外专局）牵头，积极搭建外籍人员聘用公共服务平台，开发境外高端人才资源，搭建全市外籍人员聘用供需信息平台，面向符合资质条件、有志来京工作的外籍人员，提供岗位信息、简历发布、就业政策等公共服务；定期组织对全市聘用单位开展包括国情、市情、出入境、签证居留、教育教学等内容的培训。为做好这项工作，用人单位应于每年12月上旬向市人力社保局（市外专局）报送下一年度外籍人员需求计划。

此外，北京市外专局还将与相关单位联手，加强监督检查与责任追究。市人力社保局（市外专局）会同相关单位成立联合工作机制，动态会商外籍人员在出入境、证件办理、居留等方面的情况，实现信息共享；建立用人单位信用管理体系和外籍人员个人职业信用管理体系。加强对外籍人员聘用工作的考核监督，对于聘请外国文教专家的单位，考核结果与年检相挂钩，用人单位应当予以配合，提供真实、准确、有效的信息资料。对出现管理疏漏、侵犯外籍员工权益等问题的用人单位，市人力社保局（市外专局）会同相关部门，约谈其法定代表人或其授权代表，督促整改，强化管理。对于外籍人员非法就业、介绍外籍人员非法就业，以及非法聘用外籍人员的单位和个人，人力社保部门配合公安部门依法予以查处。

（二）行政管理

为克服在外国人就业审批程序中的职能交叉、管理多头、沟通不畅的障碍，减少重复审批、避免监管漏洞、提高办事效率，构建开放灵活、具有国际竞争力的人才机制，国务院审改办于2016年9月决定，将“外国人入境就业许可”和“外国专家来华工作许可”整合为“外国人来华工作许可”（即“两证整合”工作），由国家外国专家局负责具体实施。在“两证整合”工作的实施过程中，国家外国专家局自2016年10月起，在北京、天津、河北、上海等地组织开展了外国人来华工作许可制度试点工作。国家外国专家局于2016年10月至2017年3月，在北京、天津、河北、上海、安徽、山东、广东、四川、宁夏等十个省区市开展了外国人来华工作许可制度试点工作。2017年4月1日，在总结试点经验的基础上，全国各省区市正式统一实施外国人来华工作许可制度。在该制度全面实施后，“外国专家来华工作许可”和“外国人入境就业许可”整合为“外国人来华工作许可”，外国人来华工作由原申办《外国专家证》《外国人就业证》改为统一申办《外国人工作许可证》。《外国专家证》《外国人就业证》逐渐退出历史舞台，外国人工作许可证成为外国人在中国合法工作的许可证件。作为外国人在中国工作的合法证件，《外国人工作许可证》实行号码自动生成、“一人一号”、终生不变，以“一号”为标识记录、管理和服务。

就北京市而言，2017年4月1日以来，根据国家外国专家局统一部署，北京市一方面认真做好相关的准备和实施工作，另一方面结合本市的实际情况，研究制定了系统的实施方案，建立了周密的处理机制。

2017年6月26日，宝马（中国）服务有限公司总裁魏斯麦取得了来华工作的许可制度在全国正式实施以来北京市发出的首张《外国人来华工作许可证》，北京市人力社保局副局长、市外国专家局副局长李淑萍在北京市人力社保局外专服务大厅，为这位特殊的外国人颁发了许可证。

按照国家外国专家局的要求，北京市在办理相关手续时，要简化和统一审批流程，利用全国统一的外国人来华工作管理服务系统，实行“一网”办理。同时，对申请材料进行缩减，提交个人护照、电子照片等材料外，削减了申请函、专家或就业证申请表、许可或存根、中外文个人简历、聘用意向书等7份材料，申请材料的数量压缩了近一半。

北京市十分重视外国人来华工作管理服务系统的优化革新，构建了“前台综合受理、后台分类审批、统一窗口出件”的工作模式，外国人来华工作的手续可以全流程办理。同时，为进一步完善和健全外籍人才服务工作，扩展服务区域，北京市将证件的受理权限逐渐下放，目前，外籍人才相对集中的朝阳区、海淀区和顺义区已经设立了独立的区级办事窗口，实现属地就近办理，本市约60%的外国人可以在本区办理相关业务。此外，相关部门还在首都之窗开设了针对来京就业的外国人的专栏，以微视频的形式向外国人讲解来华许可工作证的办理流程，做到线下线上协同合作，着力打造高效优质的服务系统。[①]

北京市遵循“鼓励高端、控制一般、限制低端”的原则，对来华工作外国人实行分类管理。来华工作的外国人被分为A、B、C三类，分别是：A. 外国高端人才；B. 外国专业人才；C. 符合国内劳动力市场需求、从事临时性、季节性、非技术性或服务性工作的外国人。同时，实行计点积分制。在政策取向上，鼓励引进A类人才，控制B类人才，严格限制C类外国人在京就业。

---

① 《本市创新外国人来华工作管理服务》，新讯网，http://news.xinxunwang.com/china/bendi/223881.html，最后访问日期：2019年10月22日。

对于高端外籍人才，北京市为其来华工作开辟了专门的“绿色通道”，提供更为优质和便捷的服务。首先，在程序上减少环节，入选国内相关人才计划的外国高端人才，申请外国人工作许可通知、办理签证入境前，无须提交纸质材料核验，可全流程在线办理相关手续。其次，压缩审批时限，外国高端人才申请来华工作许可的时限为10个工作日。最后，采用“告知+承诺”制，对外国高端人才的无犯罪记录证明、工作资历、专业技术或学历证明实行承诺制。

近年来，对“高精尖”产业人才需求逐渐增加，为更好地吸引高端优质外国人才进京工作，北京市外国专家与外国人就业事务中心开展了“进高校、进企业”的活动，为外籍人才来京就业提供便捷的服务。清华大学成立了首个服务站，为外国留学生解读在华就业政策、高层次外专项目等相关政策。同时，外国专家中心还推出“融智北京”外籍人士高端医疗险项目，为外国人在华的生活提供服务。该项目鼓励用人单位为外国专家缴纳商业医疗保险，对于为外国专家缴纳保险的单位，相关部门给予资金补贴。截至2019年5月，已有179名高端外国专家得到了300余万元人民币的补助。①

另外，外国专家培训中心为来华工作的外国专家提供了形式繁多的若干个个性化服务，以帮助他们融入和适应北京的工作和生活。例如，由专门的教师为不同汉语或汉语水平不高的外籍高层次人才提供一对一的学习指导；对于子女有入学需求的外籍高层次人才，与7所国际学校合作，为外国人才的子女提供入学录取的便

① 《北京持续创新外国人来华工作服务　吸引外籍人才“待得住”》，百家号光明网，https：//baijiahao.baidu.com/s? id=1633104887849178833，最后访问日期：2019年10月22日。

利；节假日举办“外国专家招待会”，让外国专家体验中国的传统节日。[1]

三 问题与建议

在就业管理和劳动保护政策方面，外国人就业有一定的特殊性。如何提高行政管理的效率，让在京就业的外籍人士及聘用单位高效完成相应的行政审批手续，如何帮助外籍就业人员和聘用企业知晓并自觉遵守相关法律法规，如何有效地保障劳动者和聘用者双方的权益，这些都是值得关注的问题。

（一）为用人单位提供相关信息，提醒其聘用外籍员工的注意事项

在对外开放、经济全球化的发展趋势下，越来越多的外国人来到北京就业。但是，很多企业法律意识淡薄，不了解相关法规政策，也没有守法意识。而且，由于外籍员工的工资待遇通常比较高，劳动争议发生后，败诉的企业会承担较高的成本。因此，合法规范地聘用外籍员工，最大限度地避免劳动纠纷的出现，降低法律风险，这是聘用外国人的用人单位需要密切关注的。相当一部分企业对聘用外国人的法律法规并不知悉，也不积极主动地去学习和咨询，这成为企业违法违规聘用外国人、产生法律责任和发生劳动纠纷的主要原因。因此，有关部门可以积极与相关企业沟通，提醒其聘用外籍员工的注意事项。

第一，外国人在京就业须办理法定的就业证件。外国人在中国境内工作，应当按照规定去相关部门办理外国人工作许可证，未按

---

① 《北京持续创新外国人来华工作服务　吸引外籍人才“待得住”》，百家号光明网，https：//baijiahao. baidu. com/s? id = 1633104887849178833，最后访问日期：2019 年 10 月 22 日。

规定取得许可证件的外国人，属于非法就业。在实践中会出现一些持有就业证件的外籍人士的配偶自己没有就业许可证但在华就业的情况，这种情况也属于非法就业。

第二，外籍实习生在华工作有一定的限制。《外国人入境出境管理条例》规定，只有在中国境内高校就读的外籍学生才能在用人单位勤工助学或者实习，用人单位不得聘用境外高校在读的外籍学生。而且，持学习类居留证件的外国人需要在校外勤工助学或者实习的，应当经所在学校同意后，向公安机关出入境管理机构申请居留证件加注勤工助学或者实习地点、期限等信息。持学习类居留证件的外国人所持居留证件未加注前述信息的，不得在校外勤工助学或者实习。

第三，用人单位不得以劳务派遣、业务外包等名义，按劳务派遣方式使用外籍员工。根据《外国人在中国就业管理规定》，外国人在中国就业的，用人单位必须与其就业证所注明的单位相一致。因此，用人单位不能以承揽、外包等名义，招用外籍员工。

第四，个体经济组织和公民个人不得聘用外国人。聘用外国人的用人单位必须是依法设立的企业法人、社团法人、民办非企业单位等组织。根据《外国人在中国就业管理规定》，我国目前不允许个体经济组织和公民个人聘用外国人。

第五，用人单位聘用外国人，须履行相关的行政审批手续。首先，用人单位应填写《聘用外国人就业申请表》，向其与劳动行政主管部门同级的行业主管部门提出申请，取得用人资质；其次，用人单位聘用外国人需为该外国人申请就业许可，经获准并取得《中华人民共和国外国人就业许可证》后方可聘用。

第六，用人单位聘用外国人从事的岗位应是有特殊需要，国内暂缺适当人选，且不违反国家有关规定的岗位。按照有关规定，一般情况下，用人单位不得聘用外国人从事营业性文艺演出，但经文化部批准持《临时营业演出许可证》进行营业性文艺演出的外国人除外。

第七，在适用我国《劳动法》等法律法规时，有一定的差异。根据《外国人在中国就业管理规定》，用人单位必须依法与所聘任外国人签订劳动合同，但最长期限不超过5年，合同期满后须履行审批手续后方可续签。所以，我国《劳动法》关于固定期限的劳动合同的规定，不适用外国人。

第八，非法聘用外籍人员要承担相应的法律责任。用人单位非法聘用外国人的，将面临罚款等处罚措施。外国人非法就业的，可能面临罚款、拘留甚至遣送出境的法律后果。《中华人民共和国出境入境管理法》第八十条规定："外国人非法就业的，处五千元以上二万元以下罚款；情节严重的，处五日以上十五日以下拘留，并处五千元以上二万元以下罚款。介绍外国人非法就业的，对个人处每非法介绍一人五千元，总额不超过五万元的罚款；对单位处每非法介绍一人五千元，总额不超过十万元的罚款；有违法所得的，没收违法所得。非法聘用外国人的，处每非法聘用一人一万元，总额不超过十万元的罚款；有违法所得的，没收违法所得。"

（二）优化程序，提供更加高效的服务

北京地域面积大，在京就业的外国人办理相关手续时常常要去很远的地方，来回耗时几个小时甚至一整天。目前，外国人签证办理场所在北京的仅有6个，远远不能满足需求。很多在京就业的外国人，每年都需要办理一次工作居留许可证，由于多头办理、多次奔波，有时还存在语言沟通方面的障碍，办证过程经常显得十分不顺利。这种状况亟须建立更多的、分布广泛的外国人服务大厅。

北京一些区县，外国人就业比较集中，在这些地点可以考虑为

来京就业的外国人设立一站式办理工作许可的工作站，以简化办证流程，改善条件，吸引人才。这种做法可以有效解决外国人才办证时耗时耗力的困难，提升北京市人才服务水平，吸引更多外国优秀人才进京工作，对于搭建国际人才引进平台和服务平台、提升外国人才工作服务的质量和效率有积极意义。具体实施时，可参考借鉴其他城市的成功经验。

2018 年 11 月 20 日，浙江省义乌市出台了《义乌市外国人工作许可证、工作类居留证件、外国人社保参保、外籍医师在华短期执业许可“一窗受理、一口办结”暂行实施办法》。义乌市经过调研和一段时间的筹备后，设立了“外国人来华工作证件受理专窗”，将原人力和社会保障局、公安局和卫生健康委员会分设的三个窗口整合为一个窗口，“多头受理”变为“一窗受理”。提出“一窗受理、集成服务、分工合作”的原则，要求相关职能部门在各司其职的基础上，通力协作，实现多项事务一窗办理，解决外国人在各个部门间多次奔波的问题。同时，为简化程序、缩短流程，三部门之间进行“内循环”，申请材料“一窗进”、证照“一口出”，构建了“前台一窗受理、后台分类审批”的综合服务模式，审批时限大大缩短，由原来的 25 个工作日变成 7 个工作日。目前，该项工作已在全市范围内稳步推进。[①]

2018 年 12 月 19 日，深圳市建立了该市首个外国人来华工作许可区级工作站，作为外国人工作许可的服务改革试点。外国人办理来华工作许可只需两步走，首先是坪山辖区企业在网上预提交外国人来华工作许可材料，之后材料齐全、内容规范的，经通知可来坪

① 《最多跑一次丨义乌实现外国人来华工作“一窗受理、一口办结”》，浙江新闻，https://zj.zjol.com.cn/news/1081280.html，最后访问日期：2019 年 10 月 22 日。

山工作站现场办理材料核验。通过线上线下相结合，深圳市构建了一种一站式办理的模式。[①]

2019年4月10日，上海浦东国际人才港开港，推出外国人来华工作“一网通办”的服务。外国人在浦东申请工作许可、居留许可，审批可在5个自然日内完成。申请人只需在“一网通办”服务平台进行一次填报，就能“一表申请”体检预约、工作许可和居留许可。同时，浦东国际人才港实施了“一窗受理”模式，申请人只跑一个窗口，即可办理相关业务。[②]

继上海、深圳之后，成都设置了全国第三个可在社区办理外国人来华工作许可的办理点——成都诸葛国际人才俱乐部。同时，该市建立了西南地区首个境外人员服务管理站，为外籍人才提供停居留、签证等一站式办理服务。[③]

① 《深圳市外国人来华工作许可首个区级工作站落户坪山》，深圳新闻网，http://www.sznews.com/news/content/2018-12/21/content_21297156.htm，最后访问日期：2019年10月22日。

② 《浦东国际人才港开港　外国人也可“一网通办”》，东方网，http://shzw.eastday.com/eastday/city/gk/20190411/u1ai12411775.html，最后访问日期：2019年10月22日。

③ 《社区可办外国人来华工作许可　成都诸葛国际人才俱乐部揭牌》，搜狐网，http://www.sohu.com/a/310663525_120044203，最后访问日期：2019年10月22日。

创新外汇管制政策，促进北京市建设国际交往中心

王天星

习近平总书记在视察北京时指出，北京要坚持和强化首都全国政治中心、文化中心、国际交往中心、科技创新中心的核心功能，这为首都城市发展指明了方向。2017 年《北京市国民经济和社会发展第十三个五年规划纲要》提出，北京“十三五”期间要强化国际交往功能，建设国际城市。2017 年 3 月 28 日，《北京城市总体规划（2016 年—2035 年）》草案发布，提出落实城市战略定位，优化提升首都核心功能，加快推进国际交往中心建设，构建世界级城市群。

当前，北京国际交往中心建设作为深化落实首都城市战略定位的重要内容，正面临新的形势新的要求。随着我国国际影响力不断提升，“一带一路”倡议深入推进，北京作为步入世界舞台的大国首都，国际化城市框架持续推进，国际交往活动越来越频繁，正吸引着越来越多的包括跨国企业总部、国际组织总部等在内的国际资源集聚。跨国企业总部、国际组织总部与其他跨国企业、国际组织之间的经济交往，必然会涉及金钱的流动。在我国，对跨国企业、国际组织之间的金钱流动实施外汇管制。外汇管制的程度、密度、

范围，对于跨国企业总部、国际组织总部是否将北京作为总部所在地、活动所在地等的决定，有着重要而直接的影响。

一　外汇管理与国际交往中心建设的关系

外汇管理，是指一国政府或货币管理当局通过立法和订立市场规则，对外汇的收支、买卖、价格、结算、市场等行为所进行的组织、协调、制约和控制。它既包括从政府角度对外汇运作的宏观管理，也包括从企业或经营外汇业务主体角度进行的外汇经营的微观管理。一国进行外汇管理主要是为了实现国际收支平衡、保持汇率稳定、维护经济金融安全和促进本国经济发展等。作为政府宏观调控政策的重要组成部分，外汇管理与一国经济发展水平有着密切联系，一般都是在经济发展到一定水平后才逐步放松外汇管制的。鉴于外汇管制的放松是有条件、分阶段进行的系统工程，应该从战略高度进行统筹规划，与经济发展和改革的全局相协调，并在实践中不断创造条件。有关政策的放松要与社会发展水平相适应，与宏观调控和金融监管的能力相适应，与对外开放的要求相适应，并遵循先国内改革、后对外开放，先放松经常项目管理、后放松资本项目管制的顺序。因此，外汇管制的放松是一个长期、渐进、水到渠成的过程，如果在时机不成熟的情况下完全放弃外汇管理，或是顺序安排不当，则易产生货币政策独立性和汇率稳定性之间的冲突及金融部门的不稳定、民族和幼稚产业保护困难等问题，甚至可能酿成货币金融危机。

国际交往中心集聚各类国际金融机构，提供复杂多样的金融服务，起着完善资源配置的枢纽作用，具有强大的金融辐射和金融创新功能。从发展路径看，国际交往中心主要有“基于经济发展自然渐进”和“基于政策推动的政府主导”两种模式。决定和影响这一过程的因素很多，包括强大的经济基础、稳健的宏观经济政策、稳定的社会政治环境、充裕的专业人力资源、公平有效的法律环境、宽松有序的监管环境等。

总体而言，加强、改善外汇管理，乃至推进货币自由兑换和国际交往中心建设都是长期动态的发展过程。作为一国重要的战略安排，两者都有着自身的目标、特点、前提条件和发展轨迹，不是简单的“谁决定谁”的关系。

从加强外汇管理对国际交往中心建设的影响看，一方面，加强和改善外汇管理，乃至推进货币自由兑换能改善国际交往中心建设的制度环境。在国际交往中心形成的过程中，外汇管理作为一种外在的制度环境，其“宽严”的程度会直接影响国际交往中心内部的市场发展，因此，外汇管制的放松能改善软环境制度建设，影响国际资本进出国际交往中心的便捷程度，进而提高国际交往中心的整体交易效率。另一方面，从风险的角度出发，外汇管理的存在能为国际交往中心的建设提供一个有力屏障。国际交往中心的形成与发展必然会引起资本大规模的流入和流出，对于新兴市场经济体特别是作为首都的北京市而言，由于自身经济和金融结构存在较大的脆弱性，完全取消外汇管制可能会导致北京市产生货币金融危机。因此，适度的外汇管制对于发展中国家的国际交往中心建设来说，是抵御国际游资和热钱冲击的一道重要“防火墙”，可以有效防止新兴经济体和相对脆弱的金融体系在建设国际交往中心的过程中完全暴露在国际经济环境中，并降低各种外部不确定性。

从国际交往中心建设对加强和改善外汇管理的影响看，一方面，国际交往中心建设为实现货币自由兑换创造了有利条件。在国际交往中心建设的过程中，国家或地区的整体环境会改善，无论是政府管理效率、市场发育程度还是宏观经济环境等都会对外汇管制产生影响。作为长期性、结构性的制度安排，外汇管制的放松需要具备各种内外部条件，尤其是要随着外汇管制由紧到松，金融体系自身必须有足够的控制风险能力，确保放而有序、放而不乱。国际交往中心的形成与发展，在客观上为放松外汇管制创造了条件。

另一方面，国际交往中心建设对外汇管理提出了新的需求。随着国际交往中心建设的渐次深入，国际交往中心功能和经济活跃程度将由弱到强，对放松外汇管制的要求会逐渐加强，并在一定程度上推进外汇管理改革。

对于处于转型和改革的经济体而言，外汇管制放松和国际交往中心建设之间还存在更复杂的关系。一个经济体从存在扭曲的状态转型到最优状态的最优顺序是，在短期内同时实行所有的改革。但是，某些扭曲存在，使一个及更多的帕累托最优条件不能得到满足，即使再多的同时改革、再多的帕累托最优条件得到满足，也不一定能使效率得到提升。次优理论认为，采取一定的顺序，逐步、分项地进行改革，这才是合理现实的选择。对于这种经济体而言，完全取消外汇管制并不能为国际交往中心建设提供最佳条件。因为两者都是长期的过程，都需要满足很多条件，国际经验能为我们提供启示。

二　创新外汇管制建设国际交往中心的若干政策建议

不断推进外汇管理改革是国际交往中心形成和发展的重要条件之一。对于任何一个国际交往中心来说，应随着内外环境的变化而进行必要的变革，以维持和发展自己作为国际交往中心的角色，金融外汇改革是其中一项重要举措。如 1986 年英国的“金融大爆炸”、20 世纪 80 年代纽约设立离岸金融市场、20 世纪 80 年代日本实施金融自由化。

国际交往中心的形成和发展是一个渐进和长期的过程，是多种因素综合作用的结果。历史表明，无论是发达国家的，还是发展中国家或地区的国际交往中心，都是以经济中心的发展壮大为前提条件，以该国国民经济与社会发展综合实力为支撑。影响和决定国际交往中心建设的变量很多，外汇管制的放松并不是国际交往中心建成的静态、先决条件，也并不能完全决定国际交往中心的进程。

大多数国家外汇管制的放松是一个谨慎的过程，始终注重对金融风险的控制。外汇管制的放松要适应整体经济发展的需要，即使是发达国家也不例外。从日本的经验看，从 1960 年开始放松外汇管制到 1998 年实现资本项目可兑换，花了 30 多年的时间。可见，作为一种不可逆的制度安排，外汇管理体制改革是长期并稳步推进的，并非因经济周期性因素的变化而做出的临时性安排。而且，我们在前所未有的时代背景下进行国际交往中心建设，无法复制其他国际交往中心形成的种种条件，只能创造性地解决建设过程中不断出现的新问题。

由此可见，随着我国对外开放力度的不断加大，外汇管理改革变得更加复杂，任务也更为艰巨。一味地快速推进资本项目放开和货币自由兑换可能会带来很大风险，并且直接关系到整个国家的金融稳定和安全。在这种情况下，外汇管理搞得好就是促进国际交往中心建设的积极因素；搞得不好就可能对整个宏观经济产生不利影响，北京国际交往中心建设也无法幸免。因此，不能在发生危机时才想到外汇管理的作用，重要的是应在危机还没有出现时，就努力加强和改善外汇管理，提升外汇管理的效力，真正做到防患于未然。当前，可以通过先行先试和改革创新来实现外汇管理在北京国际交往中心建设中的积极作用，一方面不断为国际交往中心建设提供新的动力；另一方面为国内广大金融机构和市场发展提供必要的保障，为其尽快提高竞争能力，从弱小到壮大赢得宝贵时间。

三　对策建议

以建设国际交往中心为契机，追求共赢。我们必须正视北京国际交往中心建设中外汇管理面临的突出问题。

第一，外汇市场参与主体不够广泛。目前在北京国际交往中心建设过程中，主要是居民参与金融活动，还需要非居民的不断参与，这样国际交往中心才能成为全球金融服务和交易的场所，非居民的参与程度在一定程度上决定了国际交往中心的国际化程度。

第二，作为北京国际交往中心的重要组成部分，外汇市场活跃程度不高。虽然中国外汇市场的整体框架已经建成，但是大规模的外汇与外汇之间、人民币与外汇之间的交易还不活跃。

第三，监管协调机制有待改进。北京国际交往中心建设是个长期的系统工程，涉及多个职能部门的监管。目前还缺乏一个高效规范且强有力的监管协调机制，不利于形成政策合力。因此，应以贯彻落实新修订的《北京市城市总体规划（2016 年—2035 年）》为契机，求真务实，不断开拓，建议从以下几个方面着手，不断加强和改善外汇管理，并以此促进北京国际交往中心建设。

1. 创新外汇政策，建设国际交往中心

目前北京国际交往中心建设的重要任务就是积极开展各项工作，完善外汇、债券、股票、商品期货、金融期货、黄金、产权等金融市场体系，增强市场服务功能。其中，外汇市场作为国际交往中心的重要桥梁和媒介，其发展和活跃的程度会对国际交往中心建设产生深刻影响。

为此，一方面要充分发展外汇市场的作用。在现有良好电子化市场交易平台的基础上加快发展充分、自主、开放的中国外汇交

易，通过延长交易时间、改进交易方式、逐步降低交易费用、推进交易平台和清算系统的开发和升级等措施，提高外汇交易的效率，满足交易主体不断扩大、交易品种日益丰富以及交易量持续增长的需要，并在这一过程中促进外汇衍生工具定价和交易机制的完善。

另一方面要加快发展境内外汇同业拆借市场。外汇同业拆借不会导致本外币的直接转化，对国内货币供应量的冲击较小。应扩大拆借市场的参与范围，引入更多类型符合条件的机构，促进外汇同业拆借市场的发展，增加北京国际交往中心的外汇资金交易量。

2. 推进外汇产品创新，满足市场主体发展需要

北京正在积极鼓励金融机构开展金融产品、金融服务、交易制度、管理方式和技术运用等方面的创新。随着利率市场化和汇率形成机制改革的不断深化，有必要深入研究并加大外汇产品的创新力度。一要推动外汇衍生产品的发展。结合北京的银行机构和企业多的特点，在风险可控的前提下，可根据银行、企业的实际需求，深入研究并适时推出相应的外汇衍生产品，促进多层次的外汇衍生产品市场体系的形成。二要密切关注和持续跟踪人民币汇率形成机制改革对银行、企业经营的影响，大力支持金融机构推出适应市场需求的汇率风险管理产品，为企业提供更多更好的汇率避险工具。三要在鼓励外汇产品创新的同时，加强对外汇市场的监测和预警，确保外汇市场的平稳运行。

3. 完善投资者结构，加快培育市场主体

北京正在努力集聚和发展市场竞争力强、服务特色鲜明的专业化金融机构，大力支持金融资产管理机构及各类公募、私募投资基金来京发展。从完善投资者结构的角度出发，还应发挥跨国公司和非居民的市场主体作用。一要推进跨国公司地区总部落户北京。充分认识地区总部的重要作用，发挥北京“靠近市场、便于决策”的

优势，提高政府办事效率，为跨国公司地区总部的资金管理营造一个良好的政策环境，努力降低外商投资企业的商务成本，吸引地区总部落户北京，帮助实现内部资金管理功能的优化。二要随着资本项目可兑换的推进，逐步吸引非居民有序地参与各项金融活动。目前，应尽快明确界定外资银行的离岸金融业务，制定同时适用于中、外资银行的离岸金融业务管理办法，改变外资银行开展此项业务多年没有相应管理规定以及中、外资银行政策待遇不一致的问题。

4. 深化外汇改革，实现外汇流动的完整循环

一要通过扩大实体经济流量带动资金流量的增长。充分发挥北京的区位优势，努力营造良好的外汇监管环境，促进国际贸易的发展，并在增加贸易流量的基础上，促进国际结算、贸易信贷、结构贸易融资、套期保值等金融业务的快速发展，从资本运动所需的金融服务增量中寻求最大份额和最优收益。二要增强北京对内、对外的资金辐射功能。坚持改革创新，不断提升外汇管理和服务水平，促进北京成为国内企业的主要融资场所、中资企业集团的境内资金管理中心，以及企业“走出去”的资金输出地。继续吸引外资跨国公司在北京设立资金管理总部，不断拓展现有的资金集中管理功能。积极推动 QDII（合格境内投资者）制度发展，支持银行、证券和基金公司、保险公司等金融机构发展代客境外理财业务，扩大金融对外投资，不断拓宽资金流出渠道。继续推进 QFII（合格境外投资者）制度的实施，鼓励中长期投资者进入国内资本市场。支持外资银行的本地法人化经营，完善银行转制过程中的外汇资本金和营运资金的管理。

5. 扩大外汇市场对外开放，推动区域合作发展

一方面，要借助京津冀地区的联动，深化国际交往中心的集聚

与辐射功能。在北京国际交往中心辐射与长三角其他地区接受辐射的互动中加强经济的关联性，以合作共赢为宗旨，以利益为纽带，从更高层面规划京津冀发展，真正从制度安排上实现京津冀外汇合作联动。具体而言，应支持企业根据自身经营和跨区域业务发展需要，办理异地开立经常项目外汇账户、异地进出口收付汇核销等业务；支持中资企业集团和外资跨国公司的地区总部为长三角地区的成员公司集中办理进出口收付汇核销手续；通过大力改进服务贸易外汇管理，促进京津冀地区服务贸易的快速发展；支持企业根据实际经营需要申请在异地开立外汇资本金账户，加强外商投资企业验资和外资外汇登记的协作；完善京津冀地区的外币资金清算服务，提升外汇服务质量。

另一方面，充分借助北京的区位优势，发展其改革试验田的作用。要将特殊经济区的功能整合同外汇管理改革创新相结合，为相关金融服务需求和供给的实现提供一个平台和载体；充分发挥天竺保税区的功能，积极先试先行，利用大量与贸易有关的资金运作，将大兴国际机场建设同国际交往中心建设结合起来，实现良性互动。

6. 创新外汇监管方式，优化外汇环境

一要针对国际交往中心建设过程中出现的新情况、新问题，借鉴其他国际交往中心的成功经验，研究制定新的监管措施，在改进管理手段、实现便利化的同时，减少监管的真空点和薄弱点，尤其要重视外汇收支总量大、结构复杂、资金流速快、跨境资金“大进大出”等问题。二要提高各监管部门之间的协作水平，实现深层次合作以发挥整体优势，形成群体合力。加强同海关、外经贸和税务等部门的协作，密切关注和研究外贸增长方式转变、利用外资政策调整等落实情况。加强同证券、银行、保险等金融监管部门的联动，进一步规范金融机构的外汇收支监管。加强与公安等部门的协作，严厉打击非法外汇交易。三要加强信息化建设。在现有各种业务系统的基础上，强化对系统信息的资源整合和优化处理，探索构建高效统一的外汇业务公共数据平台。同时，要完善国际收支统计监测预警体系，及时跟踪分析跨境资本流动的异常情况，加强对跨境短期资本流动特别是对投机资本的有效监管。

首都国际交往中心建设中的旅游法治环境塑造

孟凡哲

当下中国旅游市场法治环境不是很令人满意，旅游主管部门在市场监管上鞭长莫及，旅游经营者在违法经营上“前仆后继”，旅游者在旅游活动中恣意任性的情况仍屡有发生，正本清源的任务尚未完成。此前，我们大都强调对国家权力的严格控制，认为只有政府的权力受到法律的制约才是法治状态。但就旅游法治环境来说，旅游执法公共权力普遍薄弱的状况决定了授权往往比控权更具有现实意义。同时，旅游经营者和旅游者普遍缺乏互信的现实，决定了契约精神的重要意义。在京津冀一体化背景下，“区域性经济建设的一体化则需要更有针对性、更为优越的小环境或平台来对本区域内的特殊情况和特殊问题加以调整和规范”。[①] 首都旅游法治环境塑造的目标就是建立以个性化旅游立法、协调统一的旅游执法与司法、全面旅游守法为特征的旅游法治体系。

① 靳志玲：《京津冀区域性法治环境建设构想》，《经济论坛》2006 年第 24 期，第 32 页。

一　优化立法格局

在旅游法治环境塑造的问题上，我们首先想到的就是要有“良法”的存在。党的十九大报告提出要“推进科学立法、民主立法、依法立法，以良法促进发展、保障善治”。北京市的旅游立法也应秉承一定的价值目标，以京津冀旅游产业协同发展为圭臬，一方面要对《中华人民共和国旅游法》（以下简称《旅游法》）存在的不足，在不违反上位法的前提下进行适当的补位；另一方面要善于挖掘首都的法治本土资源，且注重对其他地方立法资源的吸纳，以促进旅游法治建设整体水平的提高。

（一）协调统一区域旅游立法

目前，京津冀三地虽然都分别制定了本地的旅游条例，但这三个条例基本是站在本地的角度制定的，没有太多考虑到京津冀协同发展的要素，旅游立法不具有统一性，这样在对规范的理解和适用上会存在一定的不一致性，也不利于三地旅游产业的协调发展。既然京津冀协同发展已经上升为国家战略，那么推动地方立法环境的改善就不仅仅是某个地方和部门的局部问题，同时旅游产业又是京津冀协同发展的先行产业，那么对于区域旅游立法问题，三地的党委、人大、政府应该高度重视，在坚持《中华人民共和国立法法》的基本原则的基础上，在立法模式上有所创新。

1. 制定统一立法

塑造京津冀旅游立法环境，在国家层面应强调顶层设计，如全国人大在适当的时候可考虑制定“京津冀区域合作法”。在地方层面，三地政府通过的旅游产业协同发展的意向和宣言已有一定数量，应尽快将其法律化。在条件成熟时三地人大可以考虑共同制定适用于三地的统一旅游地方性基本法，创新旅游地方立法建设，从而真正突破京津冀旅游一体化的制度壁垒。在此基础上，三地可以在旅游地方性规章方面凸显当地特色，优化内部体系结构。

2. 补充法规规章

就北京市而言，应该以《北京市旅游条例》为依托，针对“一日游”、民宿管理、“旅游+”等存在突出问题的领域，制定专门的行政规章，补充法律调整的空白，尽量减少以通知、公告等形式发布规范性文件的做法，树立首都常态化依法治旅的新形象。

3. 细化规范标准

虽然《旅游法》用了一定的篇幅规定了有关旅游经营者乃至旅游者的法律责任，文化和旅游部与原国家旅游局也出台了一些关于《旅游法》执行适用的规章，但是有些标准和界限仍然不够清晰，基层执法部门在具体操作上存在一定的困难。在首都旅游法治环境塑造的过程中，明确法律规范的执行和适用标准是一个重要的问题。在这方面，首都的旅游质监执法部门可以总结近年来旅游质监执法的经验，梳理出亟须解决的问题，然后进行专门的论证和研究，将有关成果通过行政规章或规范性文件的形式固定下来，使各级质监执法部门能够真正按照法治的方式进行市场治理。

4. 调整改进立法

没有一部规范是可以一劳永逸地解决当下的全部问题，北京市的旅游地方立法也需要与时俱进地进行调整。有学者提出：“旅游法规、规章应根据北京市旅游业发展的实际建立起定期（建议为5年）的立法绩效评估制度，根据评估结果进行修订，以为北京市旅游业的发展提供较为科学、合乎实际的法制保障体系。”[①] 为此，北

① 王天星：《北京市地方旅游立法研究——改革开放30年的回顾与展望》，《北京政法职业学院学报》2008年第2期，第12页。

京市立法机关应该建立专门的地方立法评估机构，使立法因时而动而不是因人而动，以保持立法的科学性和相对稳定性。

（二）严格细化旅游法律责任

在我国的立法中，普遍存在“宜粗不宜细”的问题，从而导致立法的操作性不强，很多本来应设定规则的立法成了纲领性的宣言。同时，我国旅游市场存在的各类失范行为仍未得到有效遏制，造成违法行为屡禁不止，虽然存在多重因素，但是也与现有法律设定的惩罚尺度过宽不无关联。虽然严刑峻法未必能从根本上遏制违法犯罪，但是法律的惩罚力度不足，则更难以阻止更多的人以身试法。

（三）研究设定行业规范标准

在首都旅游法治环境塑造的过程中，我们不仅要积极利用国家的立法资源，而且要学会开发利用地方性本土资源。《中共北京市委关于贯彻落实党的十八届四中全会精神全面推进法治建设的意见》中提出，要“充分发挥社会规范在社会治理中的积极作用，鼓励和引导各类社会主体制定市民公约、乡规民约、行业规章、团体章程等社会规范，并依法报有关部门备案。强化对社会组织的规范、引导和监督，充分发挥社会组织在参与社会事务、维护公共利益、救助困难群众、帮教特殊人群、预防违法犯罪中的积极作用”。这些重要的民间资源也是推动法治环境塑造不可缺少的重要力量。社会组织制定的民间规范作为市民社会的自律性行为准则，可以在约束主体行为、弘扬道德传统等方面发挥优势，促进法治思维的养成。近年来，北京市在旅游行业标准制定上已经做了大量的工作。当下，北京市需要对各类行业标准进行进一步的梳理，最后实现对旅游行业主要领域的全覆盖。在此基础上，进一步推进京津冀三地旅游标准互用互认，建立京津冀旅游标准化库，共同编制及完善

《京津冀旅游地方标准化文件汇编》，建立京津冀旅游标准共用、共推机制，争取在旅游服务质量等级检查评定等各个方面取得新的突破。

（四）积极发挥旅游判例功能

我国属于成文法国家，但是随着旅游行业新问题不断涌现，法院会做出一些前所未有的判决，这些判例能够在法律没有明确规定或需要进一步细化的情况下，就某些重要问题提出示范性的规则。如2016年辽宁省沈阳市中级人民法院审理的某分时度假服务有限公司与王某旅游服务合同纠纷一案，被告单位工作人员通过微信联系原告以100元人民币的团费参加了香港、澳门和珠海的旅游活动，其间，原告被强迫购物商品总额达18364元人民币，后原告起诉要求被告承担退货责任，最后法院判决原告胜诉，被告承担返还责任。本案判决具有典型性，也很好地诠释了《旅游法》第三十五条的立法旨意，具有作为指导案例推广的价值。类似判例极大地丰富了旅游立法环境资源。

近年来，北京市三级法院审理了大量的各类涉旅案件，天津、河北两地法院也有审理涉旅案件的丰富经验。据统计，从2013年8月到2018年8月，北京市全市法院共审理旅游合同纠纷案件962件，天津市共审理684件，河北省共审理221件。三地案件涉及的问题类型也比较集中，主要是出境旅游保证金退还、旅游合同解除、旅游合同服务标准变更、旅游者人身损害赔偿等方面的问题。三地法院对于一些有代表性的旅游纠纷案件根据事实和法律提出了较好的解决方案，判决对于明确法律规定、解决双方争议、进行宣传警示教育都发挥了很好的作用。但是，这些丰富的法律资源并没有得到完全开发利用。在这方面，我们可以运用司法大数据来分析京津冀区域旅游纠纷的主要类型和法院判决的主要观点和做法，有针对性地建立相应的风险防控机制，并可进一步将有关的成果充实到国家和地方立法中去，推动立法的科学性和实效性建设。

二　强化执法权力

总的来说，中国旅游市场监管是以政府旅游行政主管部门为主导的体制。这种体制“在执法上形成了严格、全面的管控制度，是一种‘倾向性’的管控为主体系”。[①] 这决定了旅游执法权在旅游市场秩序调控中的作用是至关重要的。现实中，旅游执法实效和社会期待之间还存在较大差距，需要我们进一步改善。由于旅游涉及领域非常广泛，目前各级政府对涉旅事项的管辖权，总的来说还比较分散，其中有一些问题为人所诟病，如有学者提出：“旅游市场、旅游服务质量出了问题都归结到旅游部门来处理。但涉及旅游经营权的审批、审核、备案等权力时，各个部门又均有管辖权。在旅游经营资质上的审批，如旅游网站的设立没有经过旅游部门的许可，在上面发布虚假信息广告欺骗游客，投诉自然来到旅游执法部门，旅游部门对其没有处罚的权力，不得不借助工商等部门进行查处，使旅游资质执法又陷入困境。”[②] 对北京市来讲，法治首善之区建设所需要坚持的法治原则和首善标准，在旅游执法方面也要有充分的体现。总的来说，在旅游执法领域，北京市应立足京津冀一体化进行旅游执法，协同创新，与天津和河北密切配合，进一步采取有效措施，加强事中事后监管，从重视投诉监管向旅游执法监督的转变，从单一的旅游部门监管向多部门联合执法和监管转变，形成“行政监管、行业自律、舆

---

① 宋强：《我国构建旅游法治环境的现状、问题与对策分析》，《法治研究》2013 年第 6 期，第 80 页。

② 屈奇：《我国旅游行政执法之困惑及对策》，《广西社会科学》2010 年第 8 期，第 68 页。

论监督、群众参与”相结合的多维市场监管体系。

（一）建立健全执法机构

1. 明确执法机构属性

目前，北京市分别由北京市旅行社服务质量监督管理所和执法大队行使执法权，前者为委属事业单位，主要对旅行社的服务质量进行监管，后者为委所属行政执法机构，主要对各类涉及旅游的违法经营行为进行监管。由于质监部门并非行政编制，这样其执法权的行使存在障碍。同时，北京市采取的综合执法领导小组模式使旅游市场监管上没有一个统一的综合执法机构，这样在执法的效果上会存在一定的力量不足。考虑到旅游业在北京市经济与社会发展中的重要地位、首都建立现代服务业体系的基本要求以及首都旅游市场的影响力和市场环境复杂的状况，北京市应该进一步加强旅游执法部门的建设，在未来成立相对独立的旅游综合执法局，集中统一进行市场监管，这样才能取得最佳的执法效果。

2. 建立完善执法队伍

在很多旅游业发达的国家和地区，都建立了专门的旅游警察队伍，近年来，在我国各地的旅游市场治理中也越来越重视发挥旅游警察的作用。2017 年 1 月，北京市公安局成立了“环境食品药品和旅游安全保卫总队”，总队下设旅游支队，旅游支队主要开展旅游类违法犯罪案件的侦办工作，并参与配合市级旅游行政部门的执法活动，双方建立健全日常联系、信息交流、情况通报、鉴定检测、案件移送等工作机制，做到力量统筹、信息联通、资源共享、依法管理。总的来说，北京市的旅游警察承担了多项职能，但是在有的方面仍显不足，这也是目前我国旅游警察队伍定位中存在的普遍问题，有学者认为，目前“旅游警察还只是旅游监管和执法的一个环节……这个定位目前尚处在警察介入旅游监管的初级阶段，并没有改变多部门执法的格局。治安与刑事执法如何与部门的行政执法协调、衔接，形成合力，仍需要细化”。[①]

就北京市来讲，旅游警察的主要职能定位于涉旅治安和刑事案件的侦办上，是以加大旅游执法部门的查处案件力度来体现的，这与国外其他国家的旅游警察定位有所不同。就北京市来讲，旅游警察职能的发挥还存在机制上的问题，同时旅游行政主管机关和公安机关由于分属市政府不同部门，旅游警察和旅游执法部门在执法中是协作的关系，这样就存在互相配合和协调问题，每一方的执法期望的实现有赖对方的支持，这在一定程度上影响执法的效率。下一步，北京市可考虑进一步优化整合旅游警察的职能，扩充旅游警察队伍，形成常态执法机制，使这一组织的执法效能最大化。

（二）加强综合协作执法

旅游执法并非旅游行政主管部门一家之事，党的十八届四中全会提出重点推行综合执法的领域就包括文化旅游，在 2018 年 3 月国务院新一轮机构改革中，原国家旅游局并入新成立的文化和旅游部，这样地方各级旅游政府主管部门的机构设置也可能会有所调整，各级文旅部门的旅游执法权限配置问题需要我们做进一步的研究。在对旅游执法环境塑造的问题上，联合执法是必要的，但仅仅强调联合执法又是不够的，取得的执法效果更在于综合执法机构的建立。2017 年 1 月，黄山市在全国率先建立了旅游综合执法机构，将旅游管理领域涉及 8 个部门的 80 余项行政处罚权，集中由新设立的具有独立行政执法主体资格的旅游管理综合执法局统一行使，该局同时指导、协调试点区县旅游管理综合执法的相关工作。北京市在这方面也应该有新的举措，通过统一旅游综合执法提升执法效

① 木须虫：《旅游执法还需不断完善》，《中国旅游报》2015 年 10 月 28 日，第 4 版。

率和效果。

（三）创新行政监管制度

随着旅游市场监管的不断深入发展，很多地方也在进行监管制度的创新，四川乐山市首推旅游行政约见制度。北京市旅游行政主管部门也屡次采用约谈的做法，但是没有形成固定的制度和程序，约谈的随机性强，预期的效果也不确定。下一步，北京市应该建立规范化的旅游行政约谈制度。约谈制度应明确约谈的主体和接受约谈企业代表的身份，约谈涉及的法律规定、政策，约谈对象存在的问题及行政监管要求，约谈对象反馈的时限及不纠正的后果等。同时，约谈要进行记录存档，并建立在适当时候发布的机制。

（四）改进执法方法和手段

在网络和大数据时代，旅游市场监管要适应旅游业现代化的需要，不断引入信息化管理手段，建立完善的科学旅游市场监管系统。北京市具有突出的科技信息资源优势，在旅游市场监管领域可以运用技术手段，建立行业监管信息平台，健全旅游违法行为查处信息共享和投诉统一受理、转办机制，提高依法监管能力。最终实现对所有旅游团队实时动态管理、团队电子行程单管理、旅游服务电子合同管理、等级景区导游证验证管理，实时监控旅游企业的经营活动，规范旅游企业的经营行为。

（五）发挥行业协会作用

现代国家治理经验表明，一个高效有序的社会应该不是通过政府发布命令管理为主导的社会，只有充分的自治而不是他治才能从根本上消解影响社会长期稳定发展的内部障碍因素，并形成内化的、自觉的秩序。涂尔干曾指出：“治疗邪恶的真正办法，就是为经济秩序中的职业群体赋予一种从未得到过的稳定感。目前，同业行会和法团就是那些彼此还不能长久结合起来的个体所组成的集体，它们必然会转变为界限明确的、有组织的团体。”[①] 有这样的团体发挥作用，我们就离稳定的秩序更近一步。我们要充分发挥各类旅游行业协会的功能，并对其行业治理的效果进行客观的评价。

目前，我国旅游业已经建立了全国性的和很多地方性的行业协会，它们之间存在一定的纵横交错关系。从纵向来讲，建立了全国性的旅游行业协会——中国旅游协会和地方性的旅游行业协会，如各省、自治区和直辖市的旅游协会；从横向来讲，根据行业类别不同，存在不同领域的行业协会，如旅行社协会、旅游饭店协会、旅游景区协会等。行业协会作为联系旅游行业组织的桥梁和纽带，在推动旅游行业的发展中起到了一定的作用。当然，在很多协会的章程中，也都提到了发挥行业协会在规范旅游市场秩序中的作用问题。下一步北京市各类旅游行业协会应该在以下方面发挥作用。

其一，制定行业规则。明确旅游经营者与协会之间的关系，实行行业内部的会员制管理。此外，旅游行业协会还可通过制定各种行业技术标准来进一步明晰规则，使本行业庞大机器上的每一颗齿轮都能得到有效的运转。

其二，进行自律管理。北京市旅游行业协会可以通过公约等形式，设定企业的准入与退出标准，设定内部纠纷解决的各种方法，一旦这些机制得到有效的运行，良好的市场秩序的获得就会亦步亦趋。同时，如学者所言，可以“参照日本模式，把质量保证金管理主体从政府转向协会，以其部分利息代替各企业的入会和协会运作费用。鉴于目前保证金制度的实施机制中，对旅行社的约束多、激励少的现状，政府可以赋予协会根据企业的运营情况和资信状况相

① 〔法〕爱弥尔·涂尔干：《职业伦理与公民道德》，渠东、付德根译，上海人民出版社，2006，第 12 页。

应降低有关企业的保证金交纳额度的权力”。[①]

其三，明确关系定位。在政府与旅游行业协会的关系问题上，应建立政府和行业协会间的社会契约关系，明确行业协会定位不是为政府管理本身服务的，不是为了陪衬政府职能的履行，而是为维护会员的整体利益而存在并以服务和自律为基本宗旨。在功能定位上，政府的职责在于维护市场秩序，运用行政权力的强势地位打击严重侵害旅游经营者整体利益的行为（如非法一日游）和严重侵害旅游者基本权利的行为（如强迫购物）。同时，政府要为行业协会有成效地开展工作，提供积极的帮助，对于属于行业内部管理方面的事务，应尽可能交由行业组织自己来处理。这不仅对于承担过重监管职责的政府主管部门是一种解脱，而且符合各个旅游市场管理以行业治理为主的趋势。

三　优化司法资源

2016 年 2 月，最高人民法院、国家旅游局发布的《关于进一步发挥审判职能作用促进旅游业健康发展的通知》（法〔2016〕61 号）指出：“充分发挥人民法院和旅游主管部门在审判和行政调解、行政执法等方面的职能作用，积极形成合力，及时、有效解决旅游纠纷，对保护旅游者权益、保障旅游活动顺利进行、化解群体性矛盾具有重要意义。”这需要我们在进一步探索全域旅游的背景下，明确如何有效发挥司法权的作用，建立完善的旅游司法环境这一现实课题。

（一）健全完善机构程序

1. 旅游巡回法庭制度

旅游纠纷的高效解决需要做到程序上的便利性、案件审理结果

① 杜江、戴斌：《中外旅行社制度环境比较研究》，《旅游学刊》2000 年第 1 期，第 28 页。

的公正性。目前，全国各地开始逐步设立旅游法庭，截至 2018 年 9 月 20 日，各地共建立旅游巡回法庭 554 家。旅游法庭可契合旅游纠纷的特点，通过开展庭前会议、组织调解等程序进一步化解矛盾。同时，旅游法庭可以与旅游质监部门的行政调解相衔接，对于达成调解协议的，移送旅游巡回法庭进行司法确认，使协议取得强制执行效力。对于行政调解不成功或当事人不同意调解的，如果司法庭前调解难以实现，也可及时登记立案。

2. 旅游纠纷调解制度

旅游调解进一步分化了旅游执法和司法的负担，同时旅游纠纷大都涉案金额不大，问题不是特别复杂，这决定了旅游调解具有广阔的发展空间。目前，北京市各区都有司法行政机构指导的人民调解委员会，但是在旅游纠纷处理上，人民调解委员会的作用发挥还存在一定的局限。一直以来，北京市的人民调解工作都很有成效，在防范化解社会矛盾方面发挥了积极的作用。下一步，北京市可以在旅游资源丰富的县级行政区，设立专门的旅游纠纷人民调解委员会，引导旅游者和旅游经营者通过人民调解委员会解决旅游纠纷，以节约行政和司法资源，并在一定程度上化解社会矛盾，维护市场秩序稳定。同时，也要注意对严重侵害旅游者权益且不适合调解的案件，要充分发挥执法和司法权的作用，尽量不要因为调解影响到对旅游者权益的有效保护。

3. 旅游争议仲裁制度

除了诉讼和调解，仲裁也是我国民事纠纷解决的重要方式。对于旅游合同纠纷，采用仲裁方式解决纠纷更具有现实意义，由于旅游纠纷一般争议数额不大，法律关系不是十分复杂，仲裁解决纠纷采取“一局终局”的形式，可以极大地提升纠纷解决的效率，有效节省司法资源。下一步，北京市旅游行政主管部门可以引导旅游者和旅游经营者在旅游合同中将仲裁作为争端解决的最终方式，使人们进一步养成运用司法手段解决纠纷的习惯。

（二）更新运用技术手段

当下，旅游电子商务是网络时代旅游企业的重要营销方式之一，但它在便利交易的同时也衍生出许多纠纷。2018 年 9 月 9 日，北京互联网法院挂牌成立，刚成立短短 3 天该院电子诉讼平台访问量就达 97 万余人次，网上申请立案 299 起，可见电子商务纠纷产生的速度与电子商务发展的速度相比也“毫不逊色”。为了规范电子商务活动，2018 年 8 月我国颁布了《中华人民共和国电子商务法》，该法在 2019 年 1 月起实施。作为我国第一部有关电子商务的专门立法，该法对于电子商务经营者的法律责任问题进行了全面的界定。不过，该法中很多内容，学界和实务部门在认识上不一致，尤其对于电子商务平台的法律责任问题，在该法起草论证的过程中曾存在广泛争议，对于法条规定具体责任的认识也存在较大分歧。可以说，以往标准不甚明确的在线旅行社（OTA）的各类经营行为，都将面临该法的全面评判检验。在这方面，北京市应走在全国前列，充分发挥互联网审判的优势，进一步优化司法技术资源，为旅游经营者和旅游者提供更便利的旅游纠纷解决渠道。

（三）加大责任追究力度

1. 依法追究刑事责任

在旅游经营者和旅游者存在双向违法的特殊背景下，我们需要进一步加大对旅游犯罪的惩处力度，以形成震慑，使企图以身试法者，悬崖勒马。在这方面，一些地方的司法机关已经开始出手，并且获得了较好的社会效果。2018 年 7 月，海口市公安局以涉嫌非国家工作人员受贿罪刑事拘留导游李某，后李某又被批准逮捕。经查，从 2017 年 6 月到 2018 年 2 月，李某多次借用某旅行社资质或利用“黑车”“黑导”在海口市组织“零团费”旅行团，并将旅行团带到琼海某公司购物，此前该公司外联经理陈某曾跟李某约定，如果安排旅行团到该公司购物，该公司将按照每人次100元以及旅行团购物总额的50%回扣给李某，这样李某共获取非法收入高达1897304元。[①] 2018年10月7日，杭州警方对存在严重不文明行为的游客也启动了刑事责任追究程序。游客平某某因在杭州西湖景区的一块石碑上肆意涂写损害文物被抓获，景区公安以寻衅滋事罪对其依法刑事拘留。有关媒体评论道：“面对形形色色的不文明行为，处罚普遍失之于软、失之于宽，就会导致法律的威力大大减少，临场处置软弱、约束无力，一定程度上纵容了不文明者的侥幸心理。让规则有牙齿，让执法有力量，真正发挥法律应有的作用，才能树立起文明的社会风尚。”[②] 作为国家首都，北京市司法机关更要做严格司法的表率，并通过典型案例树立首都严格监管旅游市场的良好形象。

2. 严格界定民事责任

从合同法的角度来看，旅行社对其在旅游市场经营活动中的欺诈、强迫等行为应承担违约责任。我国《合同法》第一百零七条规定：“当事人一方不履行合同义务或者履行合同义务不符合约定的，应当承担继续履行、采取补救措施或者赔偿损失等违约责任。”总的来说，我国现行合同立法秉承的是“严格责任为主、过错责任为辅”的归责原则。就旅游合同来说，虽然在《旅游法》中以专章的形式加以规定，但是从《旅游法》行文来看，并没有明确旅游合

① 尹海明：《海口警方：男子多次组织“零团费”旅行团购物吃百余万回扣被逮捕》，中国新闻网，http：//www.chinanews.com/sh/2018/09-29/8639946.shtml，最后访问日期：2019年10月1日。

② 沈慎：《人民网评：“你欠西湖一个道歉”，法律要向你亮剑》，人民网，http：//opinion.people.com.cn/n1/2018/1009/c1003-30331158.html，最后访问日期：2019年9月29日。

同的归责原则。从合同的履行过程来看，在旅游行程中，旅游者几乎完全在旅行社的安排之下进行各项活动，尽管旅游合同的履行可能会出现各种不可预测的风险，但实践中更多的损害是旅行社的不当行为造成的，在责任认定上存在旅游者难以判断的模糊区域，如果仅让旅行社承担过错责任，而不是承担违约责任，会使旅行社获得更多的免责机会，个别旅行社实施违法行为也同样会获得更多的机会。在当下社会，人们面临较以往更多的风险，各国立法普遍强化合同责任的补偿性，并适当体现惩罚性和制裁性，因此严格责任归责原则的采用显得有必要。北京市的各级司法机关在审理旅游案件的过程中，应该坚持严格责任原则，最大限度保护作为消费者的旅游者权益，以进一步压缩违法行为的存在空间。

（四）建立旅游案例发布制度

旅游纠纷虽然类型多样但是其共性因素也十分明显。就北京市来讲，市旅游委在2015年全年受理的224件有效投诉案件中，主要反映的问题可以归结为以下四类："出境押金"收取问题、游览项目违约问题、安排购物纠纷和外来因素介入的纠纷。[①] 从不同类型问题的时间分布上看，我们发现对一些共性的问题几乎每个季度都有投诉，如增加购物次数和自费项目，减少景点，第三方原因导致合同不能完全履行等，旅游侵权和违约问题大多数案件似曾相识。如果我们能够总结出主要旅游纠纷的典型案例来指导相关案件的处理，尤其是有关旅游经营者法律责任承担方式和范围的案例，就会在一定程度上逐渐形成旅游纠纷的常规化司法处理机制，为此我们可以探索发挥案例指导制度的优势。就北京市来讲，虽然最高

---

① 根据北京市旅游发展委员会《2015年1—4季度北京地区旅行社服务质量投诉公告》汇总，http://www.bjta.gov.cn/xxgk/cxgs/index.htm，最后访问日期：2018年2月26日。

人民法院的案例指导制度规定了严格的发布程序，北京市可以参照这一做法依职权在本市区域内建立案例发布制度。与最高人民法院的案例指导制度不同，北京高院的旅游纠纷案例不具有使下级法院“遵循先例”的指导意义，而主要在于通过“以案说法”进行法治宣传教育。

四 营造守法文化

党的十九大报告提出，要“加大全民普法力度，建设社会主义法治文化，树立宪法法律至上、法律面前人人平等的法治理念”。法治文化是建设社会主义法治国家的必备精神要素。《中共北京市委关于贯彻落实党的十八届四中全会精神全面推进法治建设的意见》也指出，要“大力弘扬社会主义法治精神，建设社会主义法治文化，在全市形成守法光荣、违法可耻的浓厚社会氛围”。文化是人的行为的内在动力，没有法治文化的支撑，所有的制度最终都有可能沦为一纸空文。在旅游市场上，社会主义法治文化就是旅游经营者和旅游者互相尊重与信任、严格依法办事的文化，是从他律过渡到自律的文化。旅游守法环境塑造的核心就是旅游经营者和旅游者守法文化的养成。当下，我们应该坚持不懈地以宣传贯彻《旅游法》《旅行社条例》等法律法规为主线，增强旅游企业和旅游者的法律意识，规范旅游市场秩序，开展多维度的宣传教育活动。通过进一步加强宣传，引导企业依法经营、诚信经营，引导广大旅游者树立正确的消费理念、培养良好的消费习惯。

1. 强化与媒体合作开展宣传报道

我们要充分利用电视、广播、报刊、网络等媒体开展旅游维权、安全出游等旅游知识的宣传。如天津旅游执法大队曾多次参加由天津电台主办的《应急之声》、《行风坐标》和《红绿灯》等节目，2016 年该队共走进电台直播间 5 次，接受采访 5 次，接受电视台采访 3 次，在各类媒体上发布旅游法宣传、消费维权、提升服务、出游安全等提示稿件 269 篇，其中电视台 6 篇，电台 10 篇，报纸 88 篇，网络 165 篇，取得了较好的社会效益。为提高《旅游法》的社会认知度，北京市也需要广泛利用电视、报纸、网络、户外广告等多种媒介和方式，推动北京市旅游企业规范经营，针对广大旅游消费者开展“文明旅游，理性消费”等宣传活动；通过媒体定期发布旅游服务警示，引导广大游客文明旅游、理性消费、合理维权。

2. 举办形式多样维权咨询宣传活动

法治文化的提升还需要我们进行一定程度的现身说法，尤其是要加强对旅游者的维权意识的培养，使他们能够时刻准备着为了自己的权利而斗争。由于北京市旅游景点众多，单凭市、区县两级质监执法人员进行现场法治宣传恐怕很勉强。对此，我们可以充分利用北京的其他法治资源优势，如利用各区司法所和其他社会公益机构进行法制宣传。此前，北京市法学会曾组织各研究会进行基层普法公益活动，收到了非常好的普法效果。北京市法学会旅游法学研究会也多次组织专业人员和青年志愿者进行《旅游法》的宣传活动，使受众极大地提高了参与旅游活动中应有的权利意识。

3. 对企业员工加强法规培训工作

有学者指出，“以往在法治建设及对法治的理论研究中，都比较重视政府内部的权力配置，以及政府与人民之间的关系问题，这些都属于宏观方面，而机关、部门和单位内部，往往被认为属于内部事务而不予关注……导致法学研究和法治建设很难深入到社会的细胞与肌理之中；资本决定论则意味着资本说了算，在私营单位内部，老板就是规则，简单来说，就是公民可以向总统要法治，却很难向老板要法治”。[①] 为增强企业员工守法经营意识，贯彻落实《旅游法》相关规定，按照2017年5月中共中央办公厅、国务院办公厅发布的《关于实行国家机关“谁执法谁普法”普法责任制的意见》，旅游质监执法部门承担了宣传贯彻《旅游法》及相关法规的职责。为此，旅游质监执法部门应该组织专门的人员，针对《旅游法》重点条款并结合北京市旅游市场实际情况，开展面对面的培训，必要的时候可以主动上门深入旅游企业，指导和培训企业员工学习《旅游法》等旅游法律法规，使企业质监人员对《旅游法》有进一步的认识，提高企业质监人员依法公平公正处理企业与游客纠纷的能力，提升服务的意识。针对目前旅游市场上存在的诸多问题，对旅游企业加强现有法律法规的宣传，使企业知法、懂法，通过警示、曝光震慑违规企业，以引导督促全行业规范经营、诚信经营、守法经营。

4. 通过“智慧旅游”推广法治文化

随着信息技术和人工智能的发展，“智慧旅游”成为旅游产业发展的新话题。智慧旅游丰富了旅游形式，为旅游行业监管提供了新的技术手段。在“互联网+”时代，充分利用网络资源的信息传递功能，可能会让我们走出一条独辟蹊径的道路。此前，原国家旅游局曾在携程网启动了“互联网+导游领队”改革试点，它通过建立一系列信息系统——导游领队库、信息化管理与透明化展示系统、用户在线点评系统、自由行“微领队”服务体系、“当地向导”在线预约平台等，最终形成一个完整的“互联网+导游领队”管理与服务体系。[②] 此举具有一定的积极意义。当然，我国《旅游

---

① 支振锋：《改善法治建设的微观环境》，《法制与社会发展》2015年第5期，第89页。

② 《国家旅游局在携程旅游启动“互联网+导游领队”改革试点》，搜狐网，http://mt.sohu.com/20160207/n437092909.shtml，最后访问日期：2019年8月26日。

法》第四十条明确规定："导游和领队为旅游者提供服务必须接受旅行社委派，不得私自承揽导游和领队业务。"因此，完全意义上的导游自由执业目前还不符合《旅游法》的规定，我们不能因此损害法律的权威以致破坏法治。

需要指出的是，"智慧旅游"的发展的确为旅游守法环境的塑造提供了契机，有学者结合新媒体时代信息传递网络化的特点，提出开展智慧旅游建设对于弘扬法治文化的重要意义，"通过微信、微博、网站搭建智慧旅游网络，推广智慧旅游应用，包括智慧旅游资源、智慧旅游服务、智慧旅游接待、智慧旅游营销、智慧旅游投诉，耳濡目染、潜移默化地提升旅游法治文化，形成守法光荣、违法可耻的文化氛围，增强弘扬法治、厉行法治的自觉性"。① 目前，我们在运用网络技术资源进行旅游普法宣传方面还有一定的提升空间，尤其在对外地来京旅游者的维权法律意识提示方面，还没有形成全方位的警示宣传网络，使得违法者仍有一定的可乘之机，这需要我们进一步拓展思路，继续完善。

① 沈陈敏：《基于〈旅游法〉框架下的宁波市旅游法治环境协同共建机制研究》，《企业导报》2015年第5期，第62页。

北京传统文化传承知识产权环境研判

慕　晓

一　相关规定

我国目前已经建立完善的保护目录制度，将非遗项目根据其特征及价值分别纳入国家级、省级、市级、县级非遗名录中，全面进行保护。目前，国务院公布了四批 1372 项国家级非遗代表性项目，文化和旅游部认定了五批 3068 名国家级代表性传承人，批准设立了 21 个国家级文化生态保护试验区；各省区市认定了 15777 项省级代表性项目和 16432 名省级代表性传承人，其中传统工艺项目共有 300 余项。[①] 2011 年，《中华人民共和国非物质文化遗产法》的颁布，加大了各级政府对非物质文化遗产保护的资金支持与保护力度。截至 2016 年 8 月 31 日，所有省区市的县级以上政府均设置非物质文化遗产保护专项资金，部分省区市还细分了定向项目资金。全国已有 24 个省区市制定并颁布了 72 部关于非物质文化遗产保护的地方性法规。2017 年 1 月，《关于实施中华优秀传统

① 《我国已为非遗保护投入超 70 亿元》，中国网新闻中心，http://news.china.com.cn/2019-10/18/content_75317023.htm，最后访问日期：2019 年 10 月 26 日。

文化传承发展工程的意见》（以下简称《意见》）出台，提出了中华优秀传统文化需要坚持创新性转化和创新性发展，此外《意见》还强调要制定非物质文化遗产保护专项规划，这将为传统手工艺等传统文化的知识产权保护提供理论指导和政策指引。2017年3月，《中国传统工艺振兴计划》（以下简称《计划》）指出要以国家级非遗代表性项目为基础，建立国家传统手工艺的振兴目录，从科学的角度在人才队伍、人才质量、商业价值等方面对传统手工艺进行多方面保护。

关于北京市古城区和传统文化保护，目前主要有《北京历史文化名城保护规划》。该规划主要是对建筑本身的保护以及对建筑艺术与建筑文化的发扬，主要对北京皇城、城市中轴线以及各个历史文化区的保护做出了细致的规划。同时对各大北京老字号进行保护，比如对同仁堂、全聚德等商号进行大力恢复以及扶持。

二　保护现状

（一）古城保护

南锣鼓巷历史文化街区完整保存着元大都“里坊制”胡同肌理，是北京市首批25片历史文化保护区之一。为实现历史文化街区的复兴，北京2015年全面启动南锣鼓巷地区福祥、蓑衣、雨儿、帽儿四条胡同的修缮整治工作，对居民实行腾退自愿申请制度。一方面腾退，另一方面修缮。

南锣鼓巷的修缮和整治，是北京加强保护“金名片”的缩影。近些年尤其是近3年来，北京积极探索可推广、可复制的核心区风貌保护和升级改造之路：大高玄殿、景山寿皇殿等文物建筑得到修缮，历代帝王庙、孔庙等全国重点文物保护单位对社会开放，南中轴路、明城墙等遗址基本恢复历史风貌、建成遗址公园……清理篁街上万平方米违规超大广告牌匾，腾退天坛周边57栋简易楼2000多户居民……[①]从保护明清北京城中轴线，到凸显“凸”字形城郭与宫城、皇城、内城、外城四重城郭构成的独特城市格局，再到恢复北京特有的“胡同-四合院”传统建筑形态，北京计划从10个方面强化旧城整体保护。

2016年12月初，东城区发布实施“历史文化街区保护复兴”等三大行动计划，预计总投资1662亿元，实施33项行动115个具体项目，打造南锣鼓巷、雍和宫—国子监等6片历史文化精华区。到2020年，东城区历史文化街区整体修缮更新整治率将达80%。据统计，西城区363处不可移动文物中，存在安全隐患的占46%。为保护好这些不可移动文物尤其是会馆和名人故居，西城区已基本完成康有为、沈家本等故居的腾退，东莞会馆已有部分居民实现腾退。2018年四大类27项重点工作任务已完成年度目标。目前，太庙、天坛、社稷坛已顺利完成住户搬迁并逐步恢复历史风貌，天坛南内坛墙、广利门、双环亭，景山观德殿二宫门及院落已完成修缮，景山寿皇殿建筑群以历史文化展览的形式对外开放。中轴线申遗坚持“保护为主、科学管理”的理念，分为遗产区和缓冲区两部分，覆盖老城约65%的面积，已确定永定门、先农坛、天坛、正阳门及箭楼、毛主席纪念堂、人民英雄纪念碑、天安门广场、天安门、社稷坛、太庙、故宫、景山、万宁桥、鼓楼及钟楼14处遗产点，力争在2030年基本达到申遗要求，确保到2035年实现申遗目标。[②]

---

① 《北京：出台〈历史文化名城保护规划〉》，中国网，http://www.china.com.cn/chinese/difang/206524.htm，最后访问日期：2019年10月26日。

② 《北京：出台〈历史文化名城保护规划〉》，中国网，http://www.china.com.cn/chinese/difang/206524.htm，最后访问日期：2019年10月26日。

（二）传统文化产品

2015年故宫淘宝营业额就已经超过10亿元人民币，文创产品超8000件，四年后，故宫淘宝旗舰店粉丝达477万人，微信推文平均阅读量10万+，最热门的彩妆系列月销量超2万件，宝贝评价累计超30万条。[①] 故宫淘宝之所以能够避免“昙花一现”，一个重要的原因在于，故宫淘宝在内容生产和品牌设计中，始终坚持以传统文化为内核，对故宫元素进行年轻化包装。故宫淘宝对于传统文化的坚持，体现在两方面，一方面是在文创产品设计的过程中重点突出故宫元素。2018年3月，故宫推出了一款名为“俏格格”的塑胶娃娃，有多套清朝服饰、发饰供自由搭配。这款产品将清朝宫中的服饰文化以玩具的形式具象化，既能传递故宫知识，又能塑造故宫淘宝有趣、有创意的品牌形象。从“朝珠耳机”到“云鹤口红”，故宫淘宝推出的所有产品都是以故宫元素为基础和卖点。另一方面，故宫对传统文化内核的坚持还体现在产品的营销中。除了必要的广告外，故宫淘宝还起着传递文化、科普历史的重要作用，这种科普也为故宫的文创产品增加了历史和文化的韵味。故宫淘宝的推送文章一般分为三个部分，第一部分是热点引入，通过对网络段子或热点的介绍引起受众兴趣。第二部分通常是用网络化的语言介绍宫中的冷知识，以有趣的方式科普较枯燥的历史知识。第三部分则会引出与该文化有一定关系的文创产品。这种营销软文表面上似乎与产品设计关系不大，但实际上，推送文章的编辑也是产品设计的一部分。创意的文创产品以外形吸引消费者注意力，而对相关历史元素的科普则强化了产品中的价值内涵，叙述了产品背后的

① 《故宫淘宝：品牌设计重塑传统文化新生命》，中国广告，http：//www.ad-cn.net/read/10158.html，最后访问日期：2019年10月26日。

故事。

故宫淘宝对于故宫传统文化的尊重和运用使其产品和形象拥有深厚的文化底蕴。对于旧元素的新挖掘也契合了近几年兴起的“国潮热”，故宫淘宝凭借独特的文化符号，成为具有代表性的国潮品牌之一。

故宫文创产品的成功刺激品牌方将目光转向传统文化，对于中国元素的发掘再利用成为品牌设计的流行趋势。能否给予传统文化新生命，成为衡量品牌设计成功与否的重要标准。从百雀羚的民国风俗广告、方太的《山海经》文案，再到中国李宁掀起的“国潮热”，无论是“玩转中国风”还是“借势国潮热”，中国传统文化符号在传播过程中的价值愈发受到关注和认同。对于国产品牌来说，用好的传统文化符号进行品牌设计可以拉近与受众的距离，同时也与当今受众不断增强的文化自信相契合；对于外来品牌来说，传统文化元素才是打入中国市场、巩固市场地位的手段之一，这也是一种保护并发展传统文化的方法。

无独有偶，颐和园也在不断创新，积极培养和打造具有景区文化内涵的文创设计产品。2019 年新年伊始，高品质酸奶品牌畅轻与传统文化重量级 IP 颐和园共同呈现了一场“新年颐和身心畅轻”的花式文创营销盛宴。具有浓郁皇家园林气质的礼盒设计，搭配花青、松绿构成草木，紫棠、橘红组成近处花草，尊贵的赤色鹿漫步其中，远山如黛，霁色千峰，通过中国传统色彩的搭配，彰显古典气质，传递“身心畅轻”。此外，颐和园利用锦囊寓意着祝福与美好，传递品牌“新年颐和身心畅轻”的理念，并同时创作了四句以“颐和畅轻”为首的新年寄语诗词，通过代言人亲口送出祝福，打造一枚“会发声的颐和畅轻锦囊”放置在礼盒中，让用户在颐和山水之间感受“身心畅轻”的品牌主张，并收获 2019 年最具新意的新年祝福。[①]

故宫文创、颐和园文创具有比较鲜明的历史文化特色和首都特色。故宫作为皇城、颐和园作为皇家园林，二者文化优势明显，开发资金充足，文创特色性高。与此相比，北京其他一些景点一是没有特色性高的文化产品，大多是相同的载体，比如杯子、书签等日用品上印刷景点风景，千篇一律，无法提高知名度。二是景区自身建设以及宣传不到位，景区本身的知名度也会影响到景区文化的发展与传播。

（三）传统手工艺产品

随着央视《舌尖上的中国（第三季）》的播出，传统手工艺产品——章丘铁锅一夜之间成为网红产品，近十万销量铺天盖地飞来，与此同时，各种贴牌、仿造章丘铁锅的现象也纷至沓来，消费者和原创商家的权利受到了极大侵害。在文化复兴的当今社会，传统手工艺再次以生活化的姿态走入了日常生活，其经济价值、文化价值、娱乐价值获得了更多的市场与认同。但其整体发展形势仍不容乐观，一方面，传统手工艺的生存受到威胁，据统计，我国目前764个传统工艺美术品种中，400多种已面临消失或失去商业价值，占比高达52.4%；另一方面，传统手工艺面临着发展危机，部分意识到传统手工艺价值的人群为谋取暴利，对传统手工艺进行过度开发和滥用，完全失掉了传统手工艺的精髓和本质，属于舍本逐末的保护。由于传统手工艺的发展困难重重，加强国家知识产权体系的保护就显得尤为重要。

非物质文化遗产作为人类知识和文化的传承，是我国弥足珍贵

① 《畅轻遇上颐和园，把文创合作玩出了意境之最》，广告门，https：//mobile.adquan.com/creative/detail/48368，最后访问日期：2019年10月26日。

的文化信息资源。传统手工艺作为非物质文化遗产中最鲜活、最有代表性、最具市场价值的一部分，其法律保护工作，不仅是对劳动创作者的尊重，而且是对我国文化多样性的保护，更是我国坚定文化自信、弘扬传统文化的重要举措。但由于不可忽视的现实问题，我国当前的保护工作仍存在一些局限性。近年来，我国政府针对传统手工艺等非物质文化遗产的保护问题出台了多项行政规章制度，加大了对传统手工艺文化传承人的调查力度。同时，各地方政府尤其是少数民族聚居地区也出台了相关法规，大刀阔斧地开启保护工作。但是从国家立法保护效果来看，现行知识产权制度有其特殊性，难以对传统手工艺进行完整保护。

三　存在问题

（一）商标法对传统工艺保护存在的局限

1. 商标法不能有效阻止他人对传统手工艺技术内容恶意占用

例如某商家自行生产陶瓷并贴上来源地是景德镇陶瓷的标识，政府可依据商标法明文规定对假冒伪劣者进行打击，从而保护景德镇商标不受侵害，但无法阻止其他人擅自使用景德镇陶瓷烧制技术及传统造型制作出“××陶瓷”并进行商业化利用，他人依旧可肆意复制传统手工艺的技术信息。在注册流程上，商标的分类保护制度也带来一定的道德风险，如不同的人在多个行业或领域予以注册。

一般情况下，传统手工艺持有人及对应的公司在进行注册登记时，只会注册与其生产、销售直接相关的类别，且对于产品的布局不够明确，但只在国内注册商标，就有可能给恶意竞争的商家带来可乘之机。例如王致和商标遭海外抢注案，体现王致和对于侵权风险的防控意识不够强。全聚德商标被北京宏程硕果农副产品有限公司在“国际分类：30-方便食品”方面抢注，遭到侵权。我国手机行业的龙头企业华为，就十分注重侵权风险的防控，将其旗下产品在市场上尤其是在国际市场上进行了非常完整的专利与商标布局，以保护自身产品的商业竞争力。

2. 证明商标、集体商标、地理标志皆未能充分保护传统手工艺

目前商标法中的商标分类保护制度并不能有效保护传统手工艺，不能排除他人在其他领域注册，侵害传统手工艺及其价值的不正当行为，这就需要借助证明商标、集体商标、地理标志等对传统手工艺及相关要素进行专用权保护，而目前我国对这一方面的立法还相对薄弱。

章丘铁锅一炮走红之后，该原产地章丘区市场监管局立即表态只有经“同盛永”和“臻三环”这两个厂家通过手工锻打制作的铁锅才能叫章丘铁锅。章丘铁锅适用地理标志保护，可以防止其他铁锅制造者将他们的铁锅称为章丘铁锅，在强势的环境下甚至可以阻止他们使用“章丘”这样的字眼来描述铁锅，但他们仍可以任意使用制作章丘铁锅的诀窍和传统方法。地理标志无须进行公有与私有的明确结构划分，因此可以较好地保护群体性特征中的传统手工艺。地理标志是在特定地理环境下经过漫长的人类历史发展过程，人民在生产劳动中集体创造的智慧结晶，地理标志的影响因素主要有人文因素和自然因素，二者共同发挥作用。基于某地域特色形成的传统手工艺，承载着该区域特殊气候、环境、历史和人文的知识创造。但利用地理标志注册商标保护仍有不少的缺陷，我国目前采取了特别法保护和商标法保护这两种方式进行保护，既利用商标法体系进行法律保护，义利用行政手段进行行政保护，这也使管理权限和职责边界难以界定，在具体的认定操作过程中容易产生矛盾冲突的问题，在一定程度上影响其效力的发挥。另外，地理标志保护

的范围也十分有限。地理标志必须从传统手工艺产生的特定地理区域获得独特的标志性特征，并不是所有种类的传统手工艺都适用于地理标志来进行保护。最后，地理标志还存在容易被淡化的问题，随着传统手工艺产品在市场中销量的增加，地理标志随之流传的范围越来越广泛，这将导致消费者误将该地理标志等同于该产品，致使传统手工艺的核心工艺被忽视，而地理标志成为传统手工艺的代名词。

我国《商标法》第三条规定了集体商标与证明商标的内容，传统手工艺及相关要素可申请为证明商标或集体商标，我国目前已有很多由协会或相关群体组织申请注册成功的证明商标，例如我国浙江的青山石雕、福建知名的武夷大红袍等。

（二）专利法对传统工艺保护存在的局限

专利法的客体也就是保护对象，是新的技术方案或产品。保护传统手工艺权利人的专利权可以使其在一定期限内拥有独占权，并享有相应的经济权益。在现行知识产权保护体系中，专利制度的保护效力相对较高、操作也相对简单，但与此相应的是，专利权对保护对象的要求也非常清晰。

我国专利制度是专注于保障智力成果和鼓励知识创新的制度体系，它仅保护具备新颖性、创造性和实用性的技术方案或成果。然而，传统手工艺具备群体性、非物质性、公开性等属性，故而可以分析得出其具有知识产权客体的基础特质，但与专利权所要求的标准仍然有出入，无法进行完全匹配。另外，传统手工艺还存在难以确定主体、制度缺失、技术障碍等现实问题。因此传统手工艺要通过专利法获取专利保护的方式保护自身权益还存在一些局限和障碍。

1. 新颖性与创造性不足

新颖性和创造性是专利法保护的基本要素，这是区分该专利与现有技术之间差异性的方式。传统手工艺的演变非常缓慢，因此创新性不能凸显，而且应用范围广，在很多区域或群体内已经是处于公开状态，比如风筝制作、扎染、蜡染等技艺，已经不同程度地在很多地区流传，有些传统手工艺的传承人也利用电视、网络等媒体渠道公开传播，增强其知名度，这样的情形使其不再具备专利申请条件。

在我国《专利法》中，创造性是指申请专利的技术或产品必须具有突出的实质性特点和显著的进步。就传统手工艺而言，创造性、显著性程度都较低，并且可能已经进行书面公开。按照现行《专利法》要求，它们均已丧失了其申请专利应满足的条件。针对一部分由口头传播传承下来的手工艺技术，如未表现为书面形式，则无法被视为专利法上的技术，难以通过专利审查。许多创新涉及的技术本身无法标准化，故而在国际上申请专利的成功的概率较低。如“京绣”的技术，仅为传统的手工艺，对传统没有新的发展且还是在传统基础上的创造，现行《专利法》无法对其进行保护。

2. 难以确定保护主体

专利权主体一般情况下是个人或群体，也可以是法人单位或其他组织。传统手工艺是人类生活智慧的积累和结晶，随着时代的变化而不断变革和创新。传统手工艺的权利主体存在复杂性，有部分主体尚不能清晰界定。某一单一组织仅可以代表其群体行使权利。农业社会中，传统手工艺的持有者更为信任以血缘或亲缘为基础的社会组织和以地缘为基础的社会组织，在现代社会中，原有的血缘和地缘社会组织被打破，因此传统手工艺的持有者往往更依赖政治组织的保护。

申请专利保护也就是其寻求保护的重要渠道之一。专利制度保护是新的技术发明的第一次商业应用，而传统手工艺分为原生母体部分和在原生基础上衍生创造的部分，如果承认了新的成果，那么母体部分的作者权益是否受到保护，这些都是当前存在争议的话题。有部分权利主体已明确的手工艺技术，如获得专利后，其母体部分属于传统资源，在专利权到期终止后，该技术仍然不能进入公有领域成为公有技术。

而市场上的手工艺品，有些是从厂家进货的，有些是自己家生产的，比如一得阁墨汁，有些是仿制他人的。在这些产品中可以说只有约一半是自家生产的，其余一半大多为仿制品，但由于大多传统手工艺的制作技艺已经流入公众领域，且具有群体性。创新不是简单个体的努力，体现的是整个群体共同的期望、思想和特征，群体中没有一个成员可以作为“名副其实的创作者”，整理者、采风者、搜集者都对其享有权利。主体不明确，法律对其保护的效率就会大大降低。

四　完善对策

（一）赋予传统手工艺保有人阻止他人进行商标注册的权利

目前，世界上一些国家正在进行特殊的制度建设：限制或阻止传统来源地以外的人在未经有关地区许可的情况下，注册与传统群体或地区相关的文字、图案、民族语言或其他符号作为商标。美国为此建立了一个综合性数据库，该数据库包含已经获得认可的美国原住民部落官方标志，在这个数据库的技术支持下，美国专利和商标局可以拒绝与世居民众部落及其相关信仰有关联的标记注册为商标。在加拿大，一旦出现出于不良目的抢注册商标的现象，世居民众及相关群体可以启动异议程序，对该行为加以阻止，以此来保护自己的传统文化表达元素和本群体的利益。

因此，我国商标法在完善的过程中应明确将包括传统手工艺在内的传统资源列为不得侵犯的在先权利，这样可有效防止恶意抢注事件的发生，对传统手工艺实行防御式保护。同时，将该防御性措施与知情同意制度相结合，设置异议程序阻止他人恶意申请注册商标。在现行的知识产权制度下，没有获得相关人的授权许可，不得注册和使用与传统手工艺占有者相关的文字、图案、名称、造型或其他标识作为商标，同时还要不断推进商标法的完善，尤其是改进传统手工艺的在先权利制度。

（二）降低传统手工艺审查中的“新颖性”标准

传统手工艺等传统文化产品有其特殊性，现行的专利法并不能对其进行全面完善的保护，应降低传统手工艺创新对“新颖性”的标准，扩大专利法保护的可及性。根据国家知识产权局《审查指南》的解释，处于秘密状态的技术内容不属于现有技术。这种所谓的秘密状态当然不仅仅包括正式保密协议的条款或规定所约束的情形，还包括根据社会默契、风俗习惯等保密状况。而有些特殊的传统手工艺在某一区域，以特殊的信息符号传承，非经特殊手段无法向大众公开，这一部分自然属于保密部分，对其进行审查时也要考虑到特殊情况，放宽限制，以达到保护的目的。

（三）加强我国传统手工艺保护立法体系建设

完善我国传统手工艺的知识产权保护体系主要从以下几个方面开展：在立法精神上，注重国内知识产权保护的法律体系与国际规则保持一致；在立法原则上，注重公法保护与私法保护相统一；在立法价值上，要以加大保护力度、便利诉讼、减轻诉讼权利人诉累、增大侵权成本为价值取向；在立法过程中，要充分考虑到我国传统手工艺具有种类繁多、现实价值不尽相同等特征，需要有针对性的处理。不同类别的传统手工艺往往会形成不同的知识产权类型，因此需要加强对非物质文化遗产的收集、整理与研究，并有针对性地进行相关知识产权制度的立法工作。同时，要进一步完善著作权、专利权和商标权等法律法规，并及时出台相关配套司法解释，完善地方性法规，以适应传统手工艺不断发展的需要。

（四）出台地方性专门法规条例

从进一步完善北京传统文化传承、进一步突出知识产权保护在其中的核心引领作用角度出发，研究出台专门的“古都文化传承知识产权保护条例”，并保证合理性和可行性，在该条例中有效突出北京市在全国传统文化保护、知识产权建设方面的引领性地位，聚焦专利、商标、著作权等方面权利的保护现状和热点问题，结合国家相关法律法规，针对首都传统文化保护传承的现实问题，使条例的制定和实施具有鲜明的首都特色。

（五）探索建立北京国际知识产权文化交往研究院

要特别注意在国际交往中心建设中的“国际”元素，研究设立北京国际知识产权文化研究院，可考虑下设子研究机构（中心），如涉外法律问题研究中心、国际文化交往研究中心、物质文化遗产与非物质文化遗产研究中心等，并以此为基础开展不同国家，特别是“一带一路”沿线国家和地区在传统文化传承和保护方面的先进经验，结合中国知识产权保护的现实状况和需要，建设有中国特色的传统文化保护传承发展之路，同时通过研究中心相关研究工作，展现中国传统文化在知识产权保护大背景下的活力，传播中国声音，讲好中国故事，把建设“首善之区”的首都文化建设工作与国际交往中心建设的大方向相融合，是坚定文化自信，实现共同发展的重要路径。

（六）加强我国传统手工艺监管与救济机制建设

传统手工艺的保护方法有多种，传统手工艺的保护主体应当更多元，不能仅靠一部法律予以解决，而应当实现法律与制度的有机结合，更应当完善相关的监管与救济机制。

目前制度的建设还远远无法赶上手工艺保护工作的脚步，这使得具体的工作尚需要完善。传统手工艺的侵权矛盾主要集中在侵权主体不明确，一种情况是传统手工技艺的原有群体或为特定的部落、民族或为特定地区的村落，多数群体是混居的，机制不够健全完善，也没有足够的经费去独立承担侵权伤害。还有一种情况是，传统手工艺的法律保护对象涉及原母体创作者、现创作者、传播人等，因此，在行使权利、请求司法救济方面存在比较大的困难，这一难题可将来源群体的权利通过法定的方式授予某个团体、组织或机构来解决。例如，各地方行业协会、地方行政部门等，同时建立规范的异议处理机制则更有利于对其进行保护。另外，应当完善权利人认定标准。在我国现有的非物质文化遗产传承人认定的标准之上，增加对传统手工艺母体遗传权利人、传承人、占有主体、创作者等权利主体的界定。

对于保护主体，虽然行政机关可以作为传统手工艺的保护主体，但是在单一的不受限的行政权力保护下，传统手工艺及相关权利人容易失去自我保护的动力与积极性。在中国目前的传统手工艺参与主体当中，存在“国家行政机关—行业协会—传承人”三元主体结构，行业协会与传承人是私权代表者，而国家行政机关则代表行政主体。实际上中国目前的保护主体呈现“行政主体—私益主体”二元结构，引入恰当的沟通机制，平衡行政主体与私益主体保护之间的关系，也尤为重要。另外，中国《非物质文化遗产保护法》并未明确规定传承人及其他相关权利的救济途径，应当立法明确规定相关权利人可以就传承人认定问题提出行政复议或行政诉讼的权利，将法律保护作为保护的最后一道防线。

北京对外法治宣传工作研究报告

李天志

2019年2月，习近平总书记主持召开中央全面依法治国委员会第二次会议，强调要营造和谐稳定社会环境，加强涉外法治建设，为推进改革发展稳定工作，营造良好法治环境，进而提出“法治是最好的营商环境”这一重要论断。北京市委书记蔡奇在2019年市委政法工作会议上也强调，要建设法治中国首善之区，为建设国际一流的和谐宜居之都创造公正的法治环境。

然而，互联网时代信息纷繁复杂，北京的法治建设成果若缺乏适当的宣传，“酒香也怕巷子深”。法治宣传教育可以为北京的法治文化建设提供基础支撑，对外树立中国首都的法治形象，让北京法治建设“走出去”，从而增强社会主义法治文化的传播力、感染力和影响力。

一　北京对外法治宣传工作的重要性

第一，对外法治宣传是坚定“四个自信”，展示我国深化改革成果，展现我国进一步扩大开放决心的重要途径。

党的十九大报告指出，全党要自觉地增强道路自信、理论自信、制度自信、文化自信。法治贯穿“四个自信”，而向海外展示中国法治建设的成就也是展现这“四个自信”。“我们党对外宣传工作从延安时期到现在不断传承、发扬光大。”[①] 应当坚定地向世界展示我国社会主义法治建设的成就，争取各国对我国法治建设的理解和支持，提升我国在法治领域的软实力，为中国改革开放创造更好的外部环境，争取国际社会的广泛支持。

为此，我们应当推进中国法治的海外宣传能力建设，将中国特色社会主义法治建设以融通中外的法治话语体系进行传播，不仅应在人类法治建设中发出中国的声音，全面详细地介绍我国的法律政策体系，而且应讲述中国法治建设的故事，介绍我国法治建设的艰难历程和宏大构想，畅谈我们在法治建设中的思考与探索，从而使海内外认可我国为全面依法治国所付出的努力，并相信我国的法治建设将不断完善。

第二，对外法治宣传是与“一带一路”沿线国加强互信、促进各国协同保障“一带一路”的重要条件。

随着“一带一路”发展的不断深入，为“一带一路”提供法治保障，加强法治国际合作成为不可或缺的重要环节。对外法治宣传有利于“一带一路”沿线国深入了解我国法律政策与法治文化，在互相理解的基础上，有效解决国际合作中的法律问题，不断凝聚形成共识。一方面，对外法治宣传将促进国际社会认可我国司法体制的公平性、专业性和透明性，使我国赢得国际争端解决机制的主导权；另一方面，鉴于许多国家的政治、商业领域的领导者大多具有法律专业背景，对外法治宣传可以增强该类人群对中国法治建设

① 方正辉：《书写新时代的〈红星照耀中国〉——延安时期的伟大实践对今天做好外宣工作的启示》，《对外传播》2015 年第 9 期，第 18～19 页。

的好感，从而间接影响其对华外交、经济等方面的决策。

与此同时，随着“引进来”战略迈向新阶段，“一带一路”沿线国本身也有了解、掌握中国法律制度的内在需求，以便与我国在经济、社会、文化等各个方面逐步开展合作，如此便形成了“一带一路”与对外法治宣传的联动效应，有助于促进两方面工作的协同发展。

司法部等四部门在 2017 年颁布《关于发展涉外法律服务业的意见》，要求开展对外法治宣传，向有关国家和地区宣传我国法律制度，特别是有关投资、贸易、金融、环保等方面的法律规定，增进国际社会对我国法律制度的了解和认知；2018 年发布《2018 年全国普法依法治理工作要点》，明确要求实施外宣平台工程，对外讲好中国法治故事；2019 年 3 月继续发布《2019 年全国普法依法治理工作要点》，依然强调加强法治外宣，积极运用各种渠道，采用国外受众听得懂、易接受的话语体系和表达方式，讲好中国法治故事，展示法治中国良好形象。外交部联合中国法学会在 2018 年 7 月举办“一带一路”法治合作国际论坛，在共同主席声明中指出鼓励“一带一路”参与方、国际和地区组织、社会团体、学术界等开展多元化的法治交流，分享良好做法和最新实践，推进法律制度、法律文化和法律教育领域的合作。

在国家已采取诸多举措的背景之下，北京市也应在地方性法规、政府规章、规范性文件等层面进一步深化贯彻“一带一路”法治交流工作。我们注意到，朝阳区、丰台区、怀柔区等已开展多种形式的法治宣传活动以助力“一带一路”国际合作，[①] 但在对外法

① 《优化营商环境，大力宣传外国人出入境政策措施》，北京市人民政府网站，2018 年 7 月 30 日，http://www.beijing.gov.cn/zfxxgk/cyq11E035/gzdt53/2018-07/30/content_bf851c999b6d489a8a69ea2c72faa3b3.shtml。

治宣传方面尚存缺失，还需进一步加强。

第三，对外法治宣传是提高政策法规透明度、展现我国优良营商环境、在国际竞争中赢得有利地位的重要手段。

习近平总书记在首届中国进博会开幕式的主旨演讲中指出，为进一步扩大开放，中国将在营造国际一流营商环境上加大力度，“营商环境只有更好，没有最好”。根据“十三五”规划纲要，公正透明的法律政策环境是营造优良营商环境的核心内容。透明意味着我国在法治建设上的改革成果应当为公众所获知，这一方面要求我国应加大中国法治信息传播渠道的建设力度，使海外市场主体能够便捷地获知我国的法律政策，另一方面则要求更加重视对外法治宣传的成效，使海外受众不仅能够获知相关法律政策，而且能够理解其中所传播的内容，不会因语言和文化差异而削弱传播的效果。

在中央层面，根据2014年《中共中央关于全面推进依法治国若干重大问题的决定》，中央政府将兑现承诺，“通过《中国对外经济贸易文告》定期发布法律和涉外法规英文汇编，在合理期限内对相关部门规章提供英文翻译；要向世界贸易组织履行相关法律法规的通报义务”。①

对北京市而言，公正透明的法律政策，一方面要求用好用足地方立法权，加强决策合法性审查，深化行政执法体制改革，深化司法体制综合配套改革，营造依法决策、依法办事、有法必依、违法必究的法治环境；另一方面也要求北京市委、市政府进一步提高地方性法规、政府规章等法律文件的透明度，在指定的刊物、网站或

① 汪洋：《人民日报：加强涉外法律工作》，人民网，http：//opinion. people. com. cn/n/2014/1106/c1003-25985460. html。

其他媒体渠道及时公布所有法律法规及相应译文，使任何已在北京或计划在北京从事商业活动的企业和个人都能获知相关法律法规的最新进展。

例如，世界银行（以下简称“世行”）曾在2018年发布全球营商环境评估报告，中国大陆的排名由北京和上海两个城市的数据组成，当年排第78名。每一项评测指标都要求提供具有拘束力的规则依据，不仅需逐字逐句理解世行评估体系与指标，而且需提供所有评测问题和回应材料英文和中文两种语言版本，包括作为支撑的法律或规范性文件，因此与世行的沟通方式、沟通内容、沟通角度等方面的工作亟待改善。为此，北京和上海作为指标城市，与世行专家进行细致沟通，纠正了许多因语言沟通不畅而误答误判的题目，挽回了冤枉失分，于是在2019年全球营商环境评估报告中一举跃升至第46名，大幅提升32名，说明对外法治宣传工作是否到位对营商环境评估结果具有显著影响。

国际社会的评价并不总是客观的，为化解这一困局，我们不能坐等国际社会单方面评价我国的营商环境，而应当主动降低国际社会了解我国营商环境的门槛，向海外提供更丰富全面、更易于理解的法制宣传信息，使不公正的指责在事实面前不攻自破，为我国赢得更有利的国际竞争环境。

第四，对外法治宣传是规范管理在华外籍人员、维护优良社会治安环境、宣传我国法治精神的重要措施。

据国家移民管理局统计，仅2019年第三季度就有1593余万人次外国人出入中国。[①] 相比5年前的2014年第三季度的1342余万

① 出入境边防检查综合统计数据（2019年第三季度），国家移民管理局网站，https://www.nia.gov.cn/n741440/n741567/c1174289/content.html。

人次，增长约18.7%。[①] 仅北京，外国人口数早在2010年就超过了20万人。[②]

在华外籍人员不断增多，让不法人员有机会混杂其中，给我国社会治安管理工作带来巨大挑战。仅在2011年，全国就查处了“三非”（非法入境、非法居留、非法工作）外国人2万余人次。[③] 从2012年5月至8月，北京市公安局也集中开展了清理“三非”外国人的百日专项行动。[④] 除“三非”外国人外，还有一些外籍人员目无法纪、胡作非为，给我国治安环境带来非常恶劣的影响。例如，2012年5月，一名英籍男子在北京街头试图性侵一名中国女子，引起数百万次视频点击量和愤怒的评论；[⑤] 同一周，北京交响乐团俄罗斯籍首席大提琴演奏师奥列格将双脚放在前排女乘客的座椅背上，态度嚣张并辱骂女乘客，后被所在乐团除名；[⑥] 2013年12月3日，在“外国小伙扶摔倒大妈遭讹诈”事件中，当事外籍男子实际上用中文辱骂被撞者，并且存在无证驾驶摩托车的违法行为，被警方处以拘留并罚款，后依法被遣送出境；[⑦] 2019年7月9日，一名外籍男子在福州街头骑电动车违规载人，被交警拦下后不配合

---

① 出入境边防检查综合统计数据（2014年第三季度），国家移民管理局网站，https：//www.nia.gov.cn/n741440/n741567/c1176402/content.html。

② 童曙泉：《在北京外国人超过市人口总数1%可能已超20万人》，搜狐网，http：//news.sohu.com/20101009/n275486489.shtml。

③ 《公安部：去年全国查处“三非”外国人2万余人次》，腾讯新闻，https：//news.qq.com/a/20120425/000562.htm。

④ 郝涛：《北京市公安局将集中开展清理“三非”外国人》，正义网，http：//news.jcrb.com/jxsw/201205/t20120516_864777.html。

⑤ 单芳：《北京一外籍男子当街猥亵中国女孩 遭路人围殴》，腾讯新闻，https：//news.qq.com/a/2012050/000774.htm。

⑥ 余荣华：《北京交响乐团俄籍大提琴首席辱骂中国乘客被除名》，凤凰网，http：//news.ifeng.com/society/2/detail_2012_05/21/14698809_0.shtml。

⑦ 盛翔：《法制日报：遣返老外一次意外普法》，人民网，http：//opinion.people.com.cn/n/2013/1213/c1003-23830379.html。

调查，不断推搡交警暴力抗法，后被所在大学处以留校察看处分，等等。尽管这些外籍人员最终受到处罚，但其违法行为所造成的不良影响势必会干扰中外两国民间交流进程，而且也会给大众带来误解或猜测，认为似乎只有媒体上曝光的少数外国人违法才会受到追究，外国人是否享有某种“特权”，如法国《欧洲时报》所刊评论所言：“中国对外国人的优惠政策和尊重态度让他们感受到一种高人一等的特权，也错误地认为可以在中国无视法纪而不会得到惩处。”①

面对某些在华外籍人员无视法纪所带来的上述社会问题，完善相关立法、创新管理方式、加强部门协调均为必要之举，但同时也应注重法治宣传工作的开展。各部门应当强化宣传意识，在外国人入境、居留直至出境的过程中均要做好法律法规宣传，避免因误解或无知而造成涉外案件的发生，并且联合社区居委会、外国人志愿者等各方面力量，通过入户宣传、张贴海报、发放宣传手册等方式，对有关人员进行涉外法律法规宣传。例如，北京自 2002 年开始为外国人开通法律服务专线电话，以中英文两种语言为外籍人员提供有关中国国内政策、法规的咨询服务，为他们答疑解惑；② 北京市公安局出入境管理局持续深化政务服务，既开展传统的新闻报道、信息公开等广泛宣传，还推出上门服务、政策解读等主动宣介服务，整合各方资源，组织德、法、意等多个国家不同对象召开150 余场政策解读会。③ 此外，针对留学生因语言不通，对中国相

① 宸奥：《〈欧洲时报〉：在华不法外国人岂可目无法纪》，环球网，https：//oversea.huanqiu. com/article/9CaKrnJvtva。

② 牛爱民、李煦：《北京今起为外国人开通法律服务专线电话》，新浪新闻，http：//news.sina. com. cn/s/2002-06-17/1528607697. html。

③ 《北京市公安局出入境管理局持续深化政务服务　不断优化涉外营商环境》，搜狐网，http：//www. sohu. com/a/310100162_420076。

关法律不了解，违法违规现象时有发生的问题，安徽合肥三里庵派出所民警韩明英为400余名留学生全程英文授课普法；[①] 绵阳市公安局开展“绵阳公安出入境涉外法规政策宣传月”活动，为相关高校的外教和留学生提供法律咨询服务；[②] 广州市南沙区法宣办等部门联合开展外国人普法活动，详细讲解出入境管理法、治安管理处罚法等法律法规；[③] 云南腾冲出入境边防检查站进入企业开展法律宣传，针对缅籍人员相关法律知识印制成宣传册子并翻译成缅文，[④] 等等。上述宣传工作的开展不仅仅能够帮助外籍人员知法懂法，预防违法行为发生，创造良好的治安环境，更重要的是让外国人不再以“我是外国人，不懂中国法规”作为违法的借口，[⑤] 避免他们将中国对外国友人的尊重态度误解为高人一等的特权，懂得“包容”是中国精神的重要特征，但这种包容并非无度，而法治无疑是度量的标准。只有如此，才能消解外籍人员对我国法治建设的刻板印象，使他们深切领会到中国实打实的法治精神。

二　北京对外法治宣传能力有待提升

目前北京市尚未制定和实施法治外宣战略，主要由不同部门自发、分散地开展工作。当前主要问题是，在传播渠道方面，要么仅局限于国内媒体报道，不注重海外受众能否接触到，要么是以非电

① 夏莹：《合肥女警为400名留学生英文授课普法》，中国新闻网，http：//www.chinanews.com/gn/2019/03-16/8781693.shtml。

② 《市公安局开展涉外法治宣传进校园活动》，中共绵阳市委绵阳市人民政府网，http：//myzwgkml.my.gov.cn/detail.aspx？id=20180608112306-518283-00-000。

③ 《南沙区举行2019年度外国人普法活动》，广州南沙区人民政府网站，http：//www.gzns.gov.cn/xxgk/ns07/201905/t20190506_387854.htm。

④ 《让法治阳光照亮国门口岸》，搜狐新闻，http：//www.sohu.com/a/320635774_120058538。

⑤ 此说辞出自2019年7月9日福州留学生拒不配合正常执法并推搡警察的事件。

子化的纸质文件发布，未能充分利用海外互联网渠道；而在内容生产方面，大多是对国内文件生硬、晦涩的直译，缺少相关的解读和实例，未考虑海外受众能否理解、能否认同、能否信服，这使得海外受众难以充分且及时地了解中国法治的真实全貌，对外法治宣传未能发挥应有效果。具体而言有以下几方面。

（一）官方主导的对外法治宣传效果未达预期

司法机关、法学学术机构应是对外法治宣传的主导力量，但这方面工作尚未引起足够重视。

第一，司法机关主导的对外法治宣传内容较少，外文版本缺失。如司法部的“中国普法网”、最高人民法院的“中国涉外商事海事审判网”，大多以转载新华社、中国日报等综合性媒体的英文新闻稿为主，在话题广泛性、内容深度和专业度等方面难以满足对外法治宣传的需求。此外，尽管北京市司法局网站有《法制宣传》栏目，北京高院网站有《新闻中心》栏目，但遗憾的是这两个网站都没有英文版，缺乏英文内容的展示与输出。

第二，国家在法治领域对外主动释放利好的政策未能有效地向海外宣传。一些为国际社会带来重大利好的文件和举措，往往在国内有报道，却较少在海外受众易于接触的传播渠道，以其易于理解的方式发布，使其国际影响力大打折扣。例如，2017 年第二届中国-东盟大法官论坛通过《南宁声明》，是中国法院在承认与执行外国判决制度上的重大突破，但在互联网上却无法搜索到政府官方渠道公布的英文文本，也鲜见相关英文报道。

第三，官方组织的各种会议活动宣传效果不明显。司法机关或相关部门在国内外组织的各种会议论坛，在内容传播上局限于与会人员，在宣传时效上局限于会议前、中、后期，对会议内容缺乏更加广泛、持续地传播，也缺乏相应外文信息的传播，海外受众很难了解到这些会议所取得的成果。

（二）法律数据库的英文译本内容单薄且数量有限

首先，我国法律法规本身对于海外受众难以理解，需要适当的解读。在未受过中国法律系统训练的情况下，海外受众仅通过阅读中国法律法规的英文文本，几乎无法理解其具体内容。在大多数国外社会公众需要依赖于少数几位中国法专家进行二次解读的情况下，我们无法掌控这种解读的正误与方向。

其次，法律法规的背景信息相对匮乏。海外受众仅靠阅读法律文本，无法了解我国法律法规制定过程的科学性、民主性，无法了解这些法律法规在运行中的实际效果和成功案例，难以充分认识到中国法治建设的积极成果。

最后，法律数据库中的英文译本数量有限，而海外受众实际可接触到的数量更少。我国政府网站仅有极为少量的英文版法律文本，而地方法规规章文件的英文译本则更为稀少。即使在国内最为专业的法律数据库之一“北大法宝”当中，地方法规规章的英文译本数量占比也很低。例如，“北大法宝”中文页面检索到北京市地方性法规有 485 篇，而英文页面仅能检索到 148 篇，其中全文翻译 127 篇，仅占中文版本法规总量的 1/4。[①] 更需注意的是，这些法律信息数据库的英译版往往需缴纳一定的服务费用，这使得国际社会通过公开渠道很难获取北京地方法规规章的译文资源。

（三）国内外法律服务机构对北京法治的介绍不全面

国内外的律师事务所及其他法律服务机构为彰显其专业度，常在其网站上对中国法治有所介绍，但该介绍只是附带性的，且并不全面。一是法律层级上有局限性，往往集中于法律层级的登载和翻

① 相关数据统计日期：2019 年 8 月 13 日。

译，对于更加下位而具体的地方性法规、规章、规范性文件等少有涉及；二是选题范围上有局限性，主要围绕其业务相关领域，无法展现北京法治建设的全貌；三是缺乏系统性和及时性，因该类介绍的附属性质决定了法律服务机构没有动力和成本去系统构建相关内容，也极少安排固定人员定期更新。

三　改善北京对外法治宣传工作的相关建议

（一）扩大翻译文本的覆盖度

1. 扩大北京地方法规英文译本的覆盖度

以国内最为专业的两个法律数据库“北大法宝”和“法信国际版”（Global China Law）为考察对象，在“北大法宝”中文页面搜索北京市的地方法规规章，可检索到54289条记录，但英文页面仅检索到644条全文翻译记录，100条标题翻译记录（仅翻译了标题）；类似的，在“法信国际版”中文页面搜索北京市的地方法规规章，可检索到46807条记录，但英文页面中仅能检索到460条记录。[①] 由此可见，虽然两个法律数据库网站所收录的数据存有差异，但北京市地方法规（包括地方性法规、政府规章、规范性文件等）的英文译本覆盖率均仅占1%左右，这使得海外受众难以方便地获知北京市相关法规内容，另需花费额外成本聘请翻译人员或委托翻译服务。值得注意的是，这两个网站需购买相应服务才能进行全文浏览，这从侧面表明免费网站上的法律译本覆盖度预计将更低。

2. 扩大外国法律中文译本的覆盖度

查明、研究沿线各国法律规则体系是打破语言障碍的过程，是顺利、高效开展对外合作事宜不可或缺的重要一环。只有切实做好

① 相关数据统计日期：2019年8月13日。

沿线各国法律文本的翻译和研究，才有可能构筑法治的“一带一路”。目前，沿线国法律文本翻译工作极不完善，既有中译本不成体系、不符实需、质量参差不齐的问题，也有原本时效、术语选用、语言通畅等方面的问题。因此需通过对沿线各国法律文本进行更有针对性、更加细致的翻译与研究，为“一带一路”提供真实、可靠的中译本，奠定“一带一路”法治化发展的基础。

对此，我们提出两条具体措施建议：第一，建设北京法规规章英译文数据库；第二，建设“一带一路”法律中译文数据库。

（二）增强翻译内容的易读性

我国法治具有鲜明的中国特色，因此在对外法治宣传中应当尽力避免自说自话，同时应高度关注海外受众的阅读体验。

1. 统一翻译标准

在语言上，法律文本具有与普通文本不同的特殊性。比如在词汇方面，法律文本强调用词准确、严谨规范、质朴简洁，具有较强的概括性和包容性，特别是法律术语具有单义性，每个术语表示一个特定概念，使用时不得用其他词语随意替换，而且许多术语是成对出现的，如原告-被告、权利-义务、债权-债务等。此外一些常见词汇的翻译也有特殊要求，例如“但是”本可以翻译成“but”或“however”，但最好译为更符合法律英语语体的“provided that”；又如“当事人”应译为“party”而非“client”，“异议”应译为“objection”而非“disagreement”等。

尽管各国法律制度各异，但在法律技术层面仍具有高度的相似性，特别是我国在法治建设中充分借鉴了各国的先进经验，使得海内外的法律专业术语和表达逻辑在一定程度上是共通的，因此法律文本的翻译应当以国际通用的专业术语来表述，利用这种专业逻辑的共通性来降低受众理解的难度。当然，中外法律之间必然存在概念、观点、价值标准、语言表达等诸多方面的差别甚至迥异之处，这就要求翻译人员充分发挥主观能动性，在不同语言所代表的观念之间寻求结合点或者足以表达源语概念的表达方式，并在此过程中逐渐形成能够准确传达信息的统一翻译标准。

2. 活用翻译手法

许多中国特色的法律制度在国际上没有完全对应的表达，若仅根据字面进行直译，许多海外受众难以理解，这是国内很多法律文件译本普遍存在的问题。比如，在中国法律语言中“劳动教养”（indoctrination through labor）是专门的法律术语，有着独特的含义，而在英美法律制度中根本不存在类似的法律制度，因而其法律语言中也就没有对应的法律术语。类似的，美国法中的“preliminary examination”按字面意思只能翻译成“预审”，但我国的预审职能是由公安系统行使的，与美国的法官预审制度完全不同。

可见，在追求翻译“信、达、雅”的过程中还应灵活运用翻译手法，将中国特色制度与海外受众所熟悉的类似制度建立联系，以类似的词汇表达，使海外受众能够借助其既有知识快速理解中国特色的法律制度。例如，可以选用内涵最接近的译法，如 prosecutor（检察官）、judicial district（司法辖区）、administrative law（行政法）等，虽然严格说来中、英文的内涵并非完全等同，但已足够接近以供理解。或者可以创造新的法律词汇，如罗马法系中的“legal person”最初被译为“法人”，“due procedure”译为“正当程序”等，都属于建设性的创新，还有 solicitor（事务律师）、barrister（辩护律师）、arbitration（仲裁）、hearing（听证）等。或者还可以增减词，必要时增加解释，如在法律文件中常见到“三来一补”，就不能直译为“three supplies and one compensation”，而应补充扩展为“来料加工、来件组装、来样制作、补偿贸易”（processing and assembly of supplied parts and materials, manufacturing according to supplied drawings and compensation trade)。[①]

3. 营建话语体系

各国法治无一例外孕育于其社会环境和政治体制之中，对自身法律问题的探讨无法脱离本地色彩，中国当然也不例外。假若海外受众对中国政治文化、意识形态和法治改革历程缺乏背景知识，很难正确理解中国的政治话语和法律文件。虽然译者可以通过活用翻译手法尽可能贴近海外受众的知识结构，但这种译法始终不能精确地表达原意，意思的传达会打折扣。因此，在翻译法律文本的过程中，还应根据需要适当补充中国的相关政治、文化背景知识作为知识链接，营建全方位的话语体系，使海外受众能够从本质上理解中国的法治建设状况。

我们提出两条具体措施建议：第一，制定发布“北京法规规章汉英翻译术语标准库”；第二，制定发布“北京法规规章汉英翻译背景知识库”。

（三）提升宣传手段的多样性

1. 搭建对外法治宣传矩阵

对外法治宣传应充分动员各方力量，利用各种资源，由司法机关、法制新闻媒体、法律服务行业、法学研究学术机构以及自媒体等共同搭建多层次、多角度、多身份的对外法治宣传矩阵，使其网罗北京法治建设的全部优质内容，全面展现给国内外的外国主体。

2. 打造外文互联网宣传渠道

一方面，对外法治宣传应注重外文法治媒体网站的建设。鉴于外文法治网站建设不仅需要花费资金，而且需要有专门的法律、外

① 陆文慧主编《法律翻译：从实践出发》，法律出版社，2004，第 269 页。

语和 IT 人才进行长期更新和维护，成本相对较高，故可以先集中力量做好一两个有代表性的网站，并以英文网站为主。例如，可以参考“中国普法网”，建立“北京普法网”的英文版（事实上北京有类似网站，名为“首都法制宣传教育网”，但目前处于无法打开状态[①]）。

另一方面，对外法治宣传还应注重网络技术手段的运用。例如，应按照谷歌等搜索引擎的技术要求对关键词进行优化设置，使海外受众搜索关键词时，在搜索结果中能最先发现我国所发布的真实的法治宣传内容，而不是海外媒体发布的歪曲言论；又如，可以利用谷歌新闻、雅虎新闻、电子邮件列表订阅、RSS 订阅等渠道，甚至可以制作并发布北京法治宣传 App，将内容直接推送至用户，建立直达海外读者的联系渠道。

3. 重视法律服务业的宣传作用

海外受众中受过高等教育的社会精英往往有强烈的质疑、批判精神。在某些情况下，国内宣传中一些传统的论述逻辑可能难以获得海外受众的理解与认可。在此情况下，对外法治宣传的具体内容中应注意尽量避免只提出空洞的结论，而应更加注重提供客观中立的描述、逻辑理性的论证、真实详细的论据，以理服人，以便获得受众的认可。[②]

对此，法律服务行业的从业人员的对外法治宣传作用就显得尤为重要，因为这类人员以律师为主，不仅仅熟知中国法，也了解外国法。例如，北京德和衡律师事务所成立“美国 DC 中国法律中心”，启动“中国新法每月讲坛”项目，每月派遣律师到美国、加

---

① 首都法制宣传教育网，www. sdfx. gov. cn，最后访问日期：2019 年 8 月 13 日。

② 张志洲：《话语质量：提升国际话语权的关键》，《红旗文稿》2010 年第 14 期，第 22~24 页。

拿大、俄罗斯三地宣讲中国法律，包括“中国新法速递”、“中国法治聚焦”和“中外法律人互动”等环节，以中英文双语在国外宣传中国法律与法治，进一步促进国内外律师和法律界人士的融合与交流合作。[①] 可以将该经验在北京地区律师事务所当中加以推广，注重宣传北京市新近出台的法规举措、法治建设完善进展、营商环境优化情况等内容，让律师们结合个人办案经历，从重点、难点和社会关注的热点问题入手，向外国主体开展“以案释法”的宣讲活动，以生动的案例增强北京法治成果的信服力。

我们提出几条具体措施建议：第一，建设北京法治宣传网站英文版（或在原有“首都法制宣传教育网”基础上恢复完善），并在该网站上开放访问“北京法规规章英译文数据库”的内容；第二，邀请在京涉外法律服务机构为在京外国企业和个人提供法治宣传专项活动，活动形式包括讲座、培训、免费咨询等；第三，开发“北京法治宣传”App，并在海外受众常用的苹果App市场（Apple App Store）和谷歌应用市场（Google Play Store）上架。

① 王纯：《北京德和衡律师事务所设立中国法律宣传中心　努力向国际社会展示我国律师良好形象》，《中国律师》2017年第5期，第48页。

设立“北京（首都）国际知识产权学院”，助推首都国际交往中心建设

董　涛

一　时代使命

《北京城市总体规划（2016 年—2035 年）》明确提出了北京功能定位之一是建设国际交往中心。2019 年 1 月，北京市市长陈吉宁在市十五届人大二次会议上作政府工作报告时表示，当前北京正处于城市更新、高质量发展的关键阶段。以全球化视野谋划和推动北京国际交往中心的建设，既符合建设世界一流城市的战略目标，又符合北京自身功能定位发展的迫切需求。

国际交往中心是承担重大外交外事活动的舞台，是向世界展示我国改革开放和现代化建设成就的窗口。国际交往中心建设不仅仅需要向世界一流城市硬件设施标准看齐，更需要重视保障国际化都市良好运行的法治环境建设。这些都要求作为全国首善之区的北京，在法治环境方面与其他国际性都市相比，应当更加有效、透明、友好，从而展现古老东方文明所散发的制度魅力。

今天，在经济全球化的背景下，“创新、竞争与法治”已经成为这个时代最为鲜明的时代特征，作为确认智力成果产权归属的知

识产权，不仅已经成为全球发展中最为重要的治理规则，同时也处于北京建设国际交往中心、科技创新中心与文化中心的交会点位置。知识产权保护对于提升北京城市发展质量、树立国际形象都至关重要。因此，北京市 2018 年出台了《北京市人民政府关于加快知识产权首善之区建设的实施意见》，强调了要推动知识产权国际化发展，全面提升首都知识产权综合实力。

在 2019 年 4 月第二届“一带一路”国际合作高峰论坛开幕式上的主旨演讲中，习近平总书记指出，要“更大力度加强知识产权保护国际合作”。随着北京逐渐走向世界舞台的中心，成为国际外交活动承载地、文化交流枢纽、科技合作中心、人才聚集高地，北京迫切需要培养一大批精通外语、通晓国际法理与科技创新动态的高端知识产权复合型人才，为全球技术扩散与转移、人才资源快速流动、国际贸易与投资发展提供强有力的人才支撑。在 2019 年 2 月中央全面依法治国委员会第二次会议上，习近平总书记强调，“要加强涉外法治专业人才培养，……保障和服务高水平对外开放”。

党和国家领导人的高度重视、进一步改革开放的对外方略、北京国际交往中心的功能定位，都为首都的外语类高校教育提供了前所未有的发展机遇。因此，积极把握发展机遇，顺应时代潮流，探索有效的教育模式，汇聚多方资源、创新培养体制，为首都的国际交往中心建设培养更多的具有全球性视野的高端法治与知识产权人才，既是首都的外语高校教育者所肩负的历史使命，也是向北京市委、市政府所必须提交的圆满答卷。

二　目标定位

为致力于培养具有国际视野的高端复合型知识产权人才，应充分发挥北京市所在的区位优势，以北京市市属外语院校——北京第二外国语学院（以下简称“北二外”）——为依托，与国家知识产权局、北京市教委、北京市科委、北京市知识产权局等单位合作共建，汇集政府、企业、知识产权事务所及海外优质教育机构等多方资源，共同建设具有涉外特色的北京（首都）国际知识产权学院。

北京（首都）国际知识产权学院的建设目标将通过跨界融合建成国际知名、国内一流的高水平知识产权教学研究机构和人才培养基地，向国内外积极输送高水平知识产权国际化人才，同时打造具有全球影响力的知识产权研究智库。

（一）培养国际知识产权高端人才

充分利用北京第二外国语学院在外语与跨文化交流方面的优势，打造系列知识产权精品课程，为首都培养高端应用型人才目标提供“外语+知识产权”的专业支持；利用跨文化交流与知识产权专业知识，为首都国际技术创新与文化交流合作提供法律保障；拓展知识产权教育与研究方面的国际交流，提高北京在知识产权高等教育方面的国际影响力。

（二）构建国家和首都涉外知识产权智库

建设成为国家和北京知识产权事业发展高端智库平台。开展“一带一路”沿线国家知识产权政策、法律与战略方面的研究，建设有较大影响力的涉外知识产权智库，为北京市领导及知识产权主管部门提供相关对象国知识产权法律环境动态信息；依托多语种资源优势，建立“一带一路”沿线国家知识产权法律交流合作网络，为北京市企业海外知识产权维权提供援助服务；构建“一带一路”沿线国家知识产权大数据平台，为北京市企业在相关国家经营提供知识产权监测与预警服务。

（三）打造知识产权孵化与实践平台

组织和引导知识产权创业导师团进入学院，开展企业知识产权创新创业辅导、巡讲、风险排查、关键问题专家会诊、定向引导和专业支持的专项活动，以此帮助企业增强知识产权风险与资产管理意识和战略运用能力；借助“北京市知识产权公共信息服务平台”的网络培训资源优势，开展对国内国际，特别是“一带一路”沿线国家知识产权高端人才的培养工作；对国际留学生提供系统化的国内知识产权法律法规等专业培训，为我国人才提供国际知识产权运营培训，培养具有国际视野的高端知识产权经营管理人才，保障北京企业、高校院所和知识产权服务机构等实现“走出去”战略的知识产权人才工作。

三　建设可行性

（一）发展机遇

今天的北京，知识产权事业发展面临前所未有的历史机遇，党和国家领导人的高度重视涉外法治人才的培养，进一步深化改革开放的对外方略，以及北京国际交往中心的建设定位，都对知识产权人才，尤其是国际高端知识产权人才提出了大量的需求。

北京市印发的《北京市人民政府关于加快知识产权首善之区建设的实施意见》指出，要加快人才队伍建设。发挥在京高等院校、科研院所资源优势，积极构建知识产权人才培养体系。根据人力资源和社会保障部印发的《人力资源社会保障部关于深化经济专业人员职称制度改革的指导意见》，将增设知识产权专业，职称名称直接以专业命名。同时教育部将陆续推出知识产权专业学位，并努力将知识产权增设为一级学科，这些都为知识产权的学科发展与人才培养提供了前所未有的发展机遇。

（二）区位优势

北京是中国的首都，是全国的首善之区。知识产权对北京建设国际交往中心、提升城市发展质量、树立北京国际形象都至关重要。同时北京也是全国的科技创新中心与文化教育中心，国际技术、人才流动量巨大，既对国际知识产权人才的教育与培养提出了需求，也为国际知识产权人才的教育与培养提供了条件。

北京高校云集，国家知识产权局、最高人民法院知识产权庭、各中央机关部委都位于北京，同时世界知识产权组织（WIPO）在北京设立办事处，各国际组织在北京大多设有分支机构，如各国驻华使馆、众多的知识产权服务机构（超过两千家），这些都能够在国际知识产权高端人才培养方面提供专业交流与丰富的师资资源，这是与其他地方相比独有的区位优势。

（三）现有基础

1. “知识产权+语言”的学科优势

北京市《关于统筹推进北京高等教育改革发展的若干意见》指出，要推动市属高校整合办学资源，优化专业结构，强化优势特色，建成一批强势专业、行业急需专业、新兴交叉复合专业。作为北京市属的外语院校，北京第二外国语学院在培养国家知识产权高端人才方面具有得天独厚的学科特点和资源优势。

2018 年，北京第二外国语学院与北京市知识产权局签署“首都知识产权‘一带一路’国际交流战略合作协议”，成立“首都知识产权国际交流合作基地”。同时，北京第二外国语学院在外语，尤其是小语种方面，以及计量管理、政党外交等专业，在全国具有较高的知名度。整合学科资源，可以使首都国际知识产权学院形成在涉外知识产权法学、国际知识产权管理与运营以及知识产权外交方面独具特色的优势学科。

2. 与政府机关良好的合作关系

2018 年 6 月，北京市知识产权局与北京第二外国语学院签署“首都知识产权‘一带一路’国际交流战略合作协议”，成立“首都知识产权国际交流合作基地”。同时，北京第二外国语学院与国家知识产权局、北京市司法局、北京市公安局旅游警察支队、北京市知识产权法院等机构保持着良好的合作关系。这些使首都国际知识产权学院的建设能够有效地对接国家、地方知识产权主管部门的人才需求。

3. 与实务界良好的合作关系

北二外的“首都知识产权国际交流合作基地”同时与北京众多著名知识产权实务机构，如中科、同立钧成、超凡、万慧达、中汽知投等保持着良好的合作关系。不少知识产权机构愿意从师资队伍、课程设计、学生实习与就业等多方面全方位地参与北京（首都）国际知识产权学院的合作共建工作，这些为北京（首都）国际知识产权学院的建设提供了良好的实务基础。

四　运行模式

从运行模式来说，北京（首都）国际知识产权学院建议依托首都的外语类院校，在管理、师资、薪酬等运作模式方面与国际接轨。北京（首都）国际知识产权学院融合知识产权的创新理念和国际知识产权学院的实践经验，由理事会承担学院发展决策事宜。国家知识产权局、北京市科委、北京市教委、北京市知识产权局、北二外以及北京其他优秀的院校，都应在理事会拥有一席之地。这意味着这是一座举全市之力、整合全市知识产权资源、承担国家重要使命的国际知识产权学院。

北京（首都）国际知识产权学院要重在涉外高端知识产权人才

的培养，聚焦提升国际化视野、国际化知识体系与国际化思维模式三方面的素质。改变过去的课堂教学、书本传授等传统做法，根据培养应用型人才、经营管理人才、复合型人才的需要，探索更加注重实践能力的教育教学模式。通过与政府、企业、知识产权律师事务所及海外优质教育机构等多方面合作，采用联合办学与定制化培育模式。其更加注重实践教学，构建以全英/双语教学为主的基本教学平台与国际化特色鲜明的知识产权专业学科教育平台。

国际知识产权学院的教学方式除采用课堂讲授外，还开展法官、外交官、审查员、律师进课堂活动，注重讲授内容与知识产权实务的紧密结合。由法官讲授知识产权审判实务，由律师讲授知识产权代理、诉讼实务，由审查员讲授专利、商标检索分析实务，由外交官讲授谈判实务和外交礼仪等，以拓宽学生的知识面与提升实务操作水平。

北京（首都）国际知识产权学院知识产权高端人才培养建议主要分布在三个层次。

（一）知识产权方向本科教育

利用北京第二外国语学院现有的本科法学教育体系，设置“知识产权专业（030102T）”，培养知识产权专业本科人才。为知识产权上升为一级学科提前准备。

（二）知识产权方向硕士教育

可在主要的硕士专业中，如英语、德语、法语，以及经济学、管理学硕士专业中，培养知识产权方向专业硕士。同时努力申请开设知识产权方向的法律硕士专业。

（三）知识产权方向 MPA 教育

可以在现有北京第二外国语学院 MBA 培养中，开展知识产权方向的培养，同时申请 MPA（知识产权管理方向）学位授权点。

五　课程设计

北京（首都）国际知识产权学院的课程设计建议主要围绕并结合北京建设国际交往中心的人才需求，结合外语类院校具有的对外交流方面的优势，强调交叉型、复合型人才的培养，注重提升学生国际化视野、国际化知识体系与国际化思维模式三方面素质。通过整合校内相关学科人才、聘请校外优秀师资，组建结构合理、优势突出的教学科研团队。除系统讲授知识产权法学专业核心课程外，还同时开设知识产权计量与管理、知识产权外交谈判等专业课程。

（1）知识产权专业课程。知识产权专业核心课程主要包括知识产权法概论、专利法、版权法、商标法、知识产权国际条约与国际组织、知识产权与竞争法、专业情报检索、商标检索实务等课程。

（2）知识产权管理与计量类课程。知识产权计量以计量信息为分析研究的基础，是技术发展状况和竞争情报分析的重要应用工具。北二外管理学具有深厚的实力，可以为知识产权管理、计量、经济与统计等相关课程提供强大的教学团队和资源支持。

（3）知识产权外交谈判类课程。随着国际知识产权磋商谈判逐年增多，知识产权外交人才缺口也日益扩大。北京第二外国语学院主要从事外语语言与跨文化交流研究，在外交领域也有很深的造诣，能为知识产权的国际谈判学、外交与外事礼仪等课程的开设提供强有力的师资力量支撑。

图书在版编目(CIP)数据

北京国际交往中心建设法治保障研究 / 董涛主编
. -- 北京 : 社会科学文献出版社, 2020.5
(北京国际交往中心建设研究丛书)
ISBN 978-7-5201-6786-4

Ⅰ.①北… Ⅱ.①董… Ⅲ.①社会主义法治-建设-研究-北京 Ⅳ.①D927.1

中国版本图书馆 CIP 数据核字(2020)第 102341 号

北京国际交往中心建设研究丛书
北京国际交往中心建设法治保障研究

主　　编 / 董　涛

出 版 人 / 谢寿光
组稿编辑 / 张　萍　祝得彬
责任编辑 / 张　萍
文稿编辑 / 张凡羽

出　　版 / 社会科学文献出版社 · 当代世界出版分社 (010) 59367004
地址: 北京市北三环中路甲 29 号院华龙大厦　邮编: 100029
网址: www.ssap.com.cn
发　　行 / 市场营销中心 (010) 59367081　59367083
印　　装 / 三河市尚艺印装有限公司

规　　格 / 开 本: 787mm × 1092mm　1/16
印 张: 10　字 数: 125 千字
版　　次 / 2020 年 5 月第 1 版　2020 年 5 月第 1 次印刷
书　　号 / ISBN 978-7-5201-6786-4
定　　价 / 98.00 元